भगवान् श्रीकृष्ण व पार्थ अर्जुन संवाद

श्रीमद्भगवद्गीता के सभी अध्यायों की सरल
हिन्दी भाषा में स्पष्टी करण सहित व्याख्या

सुरेश कुमार आर्य

श्रीमद्भगवद्गीता में लिखी बातों से स्पष्ट होने हेतु गीताप्रेस गोरखपुर से मुद्रित इस ग्रन्थ के संस्कृत शलोकों के हिन्दी अर्थ को एक-एक पेराग्राफ से मिलाकर, इस अनुवादित संवाद को पढ़ने से भगवान् श्रीकृष्ण व पार्थ अर्जुन की बातें पूरी तरह से समझ में आती जायेंगी। जब बात समझ में आती है, तो गीता का पाठ करने में भी आनन्द मिलेगा।

अनुवादक - सुरेश कुमार आर्य

ग्रन्थ की भूमिका

किसी भी देश और धर्म में जन्म लेने के समय बच्चे का कोई देश और धर्म नहीं होता, वह केवल मनुष्य का बच्चा होने पर पृथ्वी और सत्यता को समझता है। अपना-पराया, छोटा-बड़ा नहीं समझता। किसी धर्म को न जानते हुये केवल मनुष्य धर्म जानता है। पिछले जन्म के कर्मफलों के संसकार और इस जन्म के अभिभावकों के सम्पर्क में रहने पर नये स्वभाव और अपने परिवार की परम्परा के अनुसार बड़ा होता है। पूरे संसार के मनुष्यों की लगभग एकसमान रोटी, वस्त्रों और मकान की आवश्यकता होती है। इसी आवश्यकता की पूर्ति के लिये वह विद्या अध्ययन करता है, कोई दस्तकारी सीखता है, कोई व्यापार करना सीखता है, कोई जीवधारियों व मनुष्यों की रक्षा करने हेतु अपना शरीर शक्तिशाली बनाता है, इत्यादि। इस प्रकार अपनी योग्यता के अनुसार पृथ्वी पर सेवा का कार्य करता है। प्रत्येक मनुष्य एक दूसरे का सेवक होता है। किसान, कुलपति या अध्यापक, चिकित्सक या औषधिसंयोजक, न्यायधीश या अधिवक्ता, अभियन्ता या मिस्त्री, सीमारक्षक या नगरपालगण, राजमिस्त्री या मजदूर, गाड़ीचालक या कुली, सफाई कर्मी आदि; सभी मनुष्य अपना-अपना

कार्य करके एक दूसरे की सेवा करते हैं सन्त और महात्मा भी मनुष्यों को अच्छा मार्गदर्शन देकर प्रत्येक प्रकार के मनुष्यों की सेवा करते हैं।

संसार का प्रत्येक कर्म व कर्मी महत्वपूर्ण है। राजा का कार्य हो या सेवादार का, अपने-अपने कर्मों को करने से पहले वह केवल मनुष्य हैं और मनुष्य होने के कारण उसका अपने परिवार तथा अन्य व्यक्तियों से कुछ न कुछ सम्बन्ध होता है जो सभीका एकसमान होता है। ज्यादातर मनुष्य अपना जीवन धनोपार्जन और परिवारी जनों के साथ केवल दायत्यों को निभाने में लगा देते हैं। यदि प्रत्येक व्यक्ति अपना कार्य ईमानदारी से नैतिकता नियमों के अनुकूल करे, लोभ लालच में न पड़े, आवश्यकता के अनुसार धन अर्जित करके भोजन, वस्त्रों और भवन के लिये धरती को अपने लिये आवश्यकतानुसार ही क्रिय करें तथा यह विचार कर कोई कार्य करे कि उसके द्वारा किसी अन्य को कष्ट न हो तो संसार की समस्या ही समाप्त हो जायेगी। परमात्मा ने संसार में जन्मे प्रत्येक जीव तथा मनुष्य के लिये भोजन-पानी, वस्त्रों के लिये कपास आदि व रहने के लिये धरती की व्यवस्था की है परन्तु लोभ, लालच, मोह से ग्रसित होने के कारण कुछ मनुष्यों ने इन वस्तुओं को आवश्यकता से बहुत

अधिक अपने अधिकार में ले लिया है जिससे अन्य मनुष्य कष्ट पा रहे हैं।

गीताशास्त्र के अनुसार प्रत्येक कर्म क्षेत्र में दो स्वभाव वाले मनुष्य कार्यरत होते हैं, दैवी सम्पदा (सहयोगी विचार वाले) तथा आसुरी सम्पदा (असहयोगी विचार वाले)। सहयोगी विचार वालों के कारण किसी भी कर्मक्षेत्र में कुछ उन्नत होती है जिससे सम्बन्धित मनुष्यों का कुछ भला होता है अन्यथा पूरा संसार बरबादी के कगार पर पहुँच जाय। सज्जन व्यक्ति जो समाज की उन्नत कराना चाहते हैं, दुर्जन व्यक्ति केवल अपने स्वार्थ को पूरा करने के लिये बाधक बनते हैं, इसका मुख्य कारण है उन्हें अच्छे संसकार न मिलना और नैतिक शिक्षा का अभाव।

गौतमबुद्धजी, ईशामसीहजी, मोहम्मदसाहब, नानकसाहव, महावीरस्वामी आदि ने अपने आपको कष्ट में डालकर अपने स्वास्थ की चिन्ता न करते हुये मनुष्यों को नैतिक संदेश दिये। परन्तु आसुरी विचारधारा वाले व्यक्तियों ने उनको बहुत पीणित किया। शास्त्रों के अनुसार देवी-देवताओं को भी असुरों ने कितना उत्पीणित किया हालांकि समय आने पर परमात्मा द्वारा उनकी दुर्गति हुई। कवीरदासजी, सूरदासजी, तुलसीदासजी, मीराबाई, रैदास आदि

सन्तों ने अपनी पदशैली में बहुत नैतिक संदेश दिये। संसार के देशों पर अराजक तत्त्वों का दबाव पड़ने पर वहाँ के देशभक्त अपने नागरिकों की स्वतंत्रता के लिये अपनी जान की बाजी लगा चुके हैं। संसार में अपने-अपने देशों के कर्णधार समय आने पर बर्ष में एक दिन नागरिकों को दिखाने के लिये उनका स्मरण श्रद्धान्जली देकर कर लेते हैं परन्तु ज्यादातर उनके आदर्शो को नहीं अपनाते हैं।

महाभारत काल के कुन्तीपुत्र पाण्डव और धृतराष्ट्रपुत्र कौरव जो एक ही परिवार से भाई-भाई थे। स्वभाव से पाँच पाण्डव दैवीसम्पदा और एकसौ कौरव आसुरीसम्पदा गुणों वाले थे। संख्या में अधिक होने के अहंकार में हर पल पाण्डवों को कष्ट देने का प्रयास करते हैं यहाँतक कि भरी सभा में पाण्डवपत्नी द्रोपदी को दुर्योधन और दुशासन अपमानित करते हैं। उस समय सबसे बड़े बुद्धिमान भीष्मपितामह, गुरुद्रोणाचार्य, नीतिज्ञ विदुर, कृपाचार्य आदि घटनाक्रम को देखते रहते हैं और कौरवों के पिता धृतराष्ट्र भी अपने पुत्रों की त्रुटियों पर कुछ नहीं कहते। तब नारायण श्रीकृष्णभगवान् द्रोपदी की रक्षा करते हैं। श्रीकृष्णमहाराज कौरव पक्ष को बहुत समझाने का प्रयास करते हैं लेकिन दुर्योधन दुष्टता करने से बाज नहीं आता है तब श्रीकृष्णभगवान्

अधर्मियों का और अधर्म करने वालों का साथ देने वालों का अन्त करने के लिये अर्जुन को चुनते हैं। उस समय की स्थिति के अनुसार अर्जुन की कर्मभूमि थी कुरुक्षेत्र का युद्धस्थल और मुख्य कर्म था, अधर्म पर चलने वालों का नाश करना। उस समय अर्जुन बहुत धर्म संकट में पड़े थे कि युद्ध करें या न करें, पाप-पुण्य कर्मों के विचारों में उलझे थे कि पाप-पुण्य कर्म कौन से होते हैं? परिवारजनों, सम्बन्धियों, नागरिकों के मोह से ग्रहसित थे। **यह सब संकट उनको सत्यता का ज्ञान न होने के कारण थे।** श्रीकृष्णभगवान् द्वारा सत्यबोध आत्म ज्ञान होने पर अर्जुन युद्ध करना स्वीकार करते हैं।

इस समय के अनुसार हम सभी ने जीवकोपार्जन हेतु सम्बन्धित विषयों का तो ज्ञान कर लिया है और संसार में उन्नत भी कर रहे हैं परन्तु केवल हमारे थोडे व्यक्तियों की भोजन, वस्त्र और भवन में बढ़ोत्तरी हो रही है जिससे संसार की अधिक जन संख्या दुःख पा रही है। इस संसार के कर्णधार यदि अर्जुन बनकर अपनी आत्मा को भगवान् श्रीकृष्ण मानकर उनके दिशा निर्देश में चलकर अपनी कर्मभूमि जहाँपर वह सेवाकार्य करते हैं, कार्य करें तो सबकुछ बढ़िया ही

बढ़िया होगा और उनके व सबके हृदय में शान्ति होगी।

हमारा गीताशास्त्र यही शिक्षा देता है। इसका ज्ञान प्रत्येक मनुष्य के लिये उपयोगी है। पहले उपयोगी था, आज उपयोगी है और भविष्य में भी उपयोगी रहेगा। हम व्यक्तियों के प्रश्न शंकारुप में अर्जुन से अधिक हो ही नहीं सकते क्योंकि अर्जुन हम व्यक्तियों से सेकड़ों गुणा बुद्धिमान थे। श्रीमद्भगवद्गीता में श्रीकृष्णभगवान् ने कर्मयोग अर्थात निस्वार्थभाव से कर्म करना, भक्तियोग अर्थात आन्तरिक विकास करने हेतु भक्ति तथा ज्ञानयोग अर्थात अपने आपका ज्ञान प्राप्त करना समझाया है तथा मनुष्य के जन्म से मृत्यु तक की यात्रा के पहलुओं को अठारह भागों में विभाजित करके अर्जुन के प्रश्नों के उत्तर दिये हैं, किसी भी मनुष्य का पूरा जीवन इन्हीं पहलुओं के बीच में रहकर ही व्यतीत होता है। श्रीमद्भगवद्गीता के एक से अठारह अध्यायों में क्रमशः शलोकों की संख्या

४६+७२+४३+४२+२९+४७+३०+२८+३४+४२+५५ +२०+३४+२७+२०+२४+२८+७८ = ६९९ है।

अनुवादक- सुरेश कुमार आर्य

श्रीकृष्णभगवान् के अन्य नाम

केशव सुन्दर लम्बे बालों के कारण

कृष्ण इनका रूप सभी को आकर्षित

करनेके कारण

मधुसूदन विष्णुभगवान् ने मधुसूदन को

मारा था, कृष्णजीउनके अवतार हैं।

अरिसूदन दुश्मनों को नष्ट करते हैं

वासुदेव वासुदेव के पुत्र

योगेश्वर सभी क्रियाओं को जानने वाले

जनार्दन सभी प्राणियों का पालन करने वाले

कमलनेत्र कमल की पंखड़ी समान आकर्षित

करने वाले नेत्र

देव हष्टपुष्ट व बलवान स्वर्गमें रहने

वाले अमर प्राणी

विश्वरूप यशोदा माता को अपने मुँह में

पूरे विश्व का दर्शन कराया था

गोविन्द गौशाला के मालिक

तत्वशास्त्री वेदान्त के अच्छे ज्ञानी

सहस्त्रबाहो हजारों भुजाओं वाले होने से

जगन्निवास ईश्वर, परमेश्वर

विश्वमूर्ते सब रुपों में व्याप्त

अनन्तरुप अनन्त रुप बनाने वाले

अच्युत भूल न करने वाले

अर्जुन के अन्य नाम

अर्जुन खुले दिमाग का, शानदार

धनन्जय धनुषविद्या में निपुण

पार्थ साहसी, सामर्थवान, आकर्षक

होने के कारण, राजा

कुरुश्रेष्ठ कुरुक्षेत्र मैदान के सभी याद्धाओं

में श्रेष्ठ

भरतवंशी भरतवंश में जन्मे

महाबाहु बड़ी भुजा वाले

कुन्तीपुत्र कुन्ती के पुत्र

कुरुनन्दन कुरुक्षेत्र राज्य के वंशज पाण्डु के पुत्र

भरतश्रेष्ठ भरतवंश में श्रेष्ठ

सव्यसाचिन् बायें हाथ से धनुष चलाने के कारण

प्रथापुत्र अर्जुन की माँ कुन्ती के बचपन

का नाम प्रथा था

गुडाकेश निद्रा जीतने के कारण

परंतप तपस्या द्वारा इन्द्रियों को वश में

करने और अपने प्रभाव व आकर्षण

से शस्तुओं को कष्ट देने के कारण

पहला अध्याय "अर्जुनविषादयोग"

अर्जुन का उदास होना

(कुरूक्षेत्र का मैदान युद्धस्थल में कौरव व पाण्डवों की विशाल सेनायें युद्ध के लिये खड़ी हैं। देवी माँदुर्गा की स्तुति करके अर्जुन युद्ध के लिये सफेद घोड़ों के रथ पर बैठे हैं, भगवान् श्रीकृष्ण सारथी के रूप में रथ पर आगे बैठे घोड़ों की लगाम पकड़े हुये हैं।)

कौरवों के पिता अन्धे धृतराष्ट्र अपने महल में बैठकर युद्ध स्थल का पूरा हाल जानना चाहते हैं। उनका सारथी महात्मा संजय दिव्यद्रष्टि जो श्रीव्यास मुनि जी की कृपा से प्राप्त हुई थी, के द्वारा रण क्षेत्र का आँखों देखा हाल उनको बताते हैं। कौरव सेना का मुख्य नायक राजा दुर्योधन पाण्डवों की सेना को देखकर गुरू द्रोणाचार्य के पास जाकर बताते हैं। **श्लोक १-२**

आचार्यजी! आपके बुद्धिमान शिष्य राजा द्रुपद के पुत्र धृष्ठध्युम्न द्वारा व्यवस्थित रण क्षेत्र में खड़ी पाण्डु सेना को देखिये। इन विशाल सेनाओं में नायकों के रूप में कुन्ती के पाँचों पाण्डु पुत्र युधिष्ठिर, भीम, अर्जुन, नकुल व सहदेव, राजा द्रुपद, सात्यिकि, विराट, धृष्टिकेतु, चेकितान, काशिराज, पुरूजित्, कुन्तिभोज,

शैव्य, युधामन्यु, उत्तमौजा, सुभद्रापुत्र अभिमन्यु और द्रोपदी के पाँचों पुत्र युद्ध के लिये तैयार खड़े हैं। ये सभी पाण्डवों के रिस्तों में मुख्य सम्बन्धी हैं व उनके राज्यों की सेनायें हैं। ये सभी बहुत वीर, साहसी, बुद्धिमान, पराक्रमी व महारथी हैं। **दुर्योधन ने अपनी सेना के पराक्रमी व युद्ध में निपुण सैनापतियों के बारे में गुरू द्रोणाचार्यजी को बताया।** राजा कर्ण, कृपाचार्य, अश्वत्थामा, विकर्ण, सोमदत्त का पुत्र भूरिश्रवा ये सभी महान योद्धा हैं। दुर्योधन ने सभी के गुरू द्रोणाचार्य और सबसे बुद्धिमान, शक्तिमान, अनुभवी व बुजुर्ग पितामह भीष्म को अपने पक्ष में युद्ध करने पर प्रसन्नता व्यक्त की कि कौरवों की विजय आवश्य होगी। भीष्म पितामह द्वारा रक्षित सेना हार ही नहीं सकती, यह दुर्योधन को विश्वास था। दुर्योधन के वचनों को सुनकर उसे उत्साहित करते हुये सबसे वृद्ध बड़े प्रतापी भीष्मपितामह ने शेर की दहाड़ के समान गर्जकर शंख बजाया। उसके बाद युद्धभूमि में शंख, नगारे, ढोल, मृदंग्ड, नृसिंह आदि बाजे एक साथ बहुत भयंकर ध्वनि के साथ बजे। श्रीकृष्ण महाराज ने पाच्चजन्य नामक शंख व अर्जुन ने देवदत्त नामक शंख बजाये। भीमसेन ने पौण्ड्र नामक महाशंख, राजा युधिष्ठिर ने अनन्तविजय नामक शंख, नकुल ने सुघोष नामक शंख व सहदेव ने

मणिपुष्पक नामक शंख बजाये। पाण्डु सेना के बचे हुये सभी वीर सेना नायकों ने अलग-अलग प्रकार के बहुत तेज ध्वनियों वाले शंख बजाये। सभी ध्वनि यंत्रो की तेज ध्वनि से पृथ्वी और आकाश शब्दायमान हो गये। चारों दिशाओं में भयंकर ध्वनियाँ गूँजने लगी। **उसी समय अर्जुन ने अपने कौरव भाइयों दुर्योधन आदि को देखकर श्रीकृष्ण महाराज से कहा, "मैं" युद्ध प्रारम्भ से पहले अपने से सभी युद्ध करने की इच्छा रखने वालों को देखना चाहता हूँ अतः कृपया रथ को दौनों सेनाओं के बीच में खड़ा कीजिये।** दुबुद्धि दुर्योधन का कल्याण चाहने वालों में कौन-कौन उसका साथ दे रहे हैं, उनको मैं देखूँगा।

श्लोक ३-२३ तक   1

इसके बाद संजय ने धृतराष्ट्र को बताया, अर्जुन के कहने पर महाराज श्रीकृष्ण ने श्रेष्ठ रथ को भीष्मपितामह द्रोणाचार्य और सम्पूर्ण राजाओं के सामने खड़ा करके अर्जुन से सभी कौरवों को देखने के लिये कहा। इसके बाद पाण्डु पुत्र अर्जुन ने अपने पिता के भाइयों को, पितामहों को, आचायों को, मामाओं को, पुत्रों को, पौत्रों को, ससुरों को, प्रिय लगने वाले छोटों को तथा मित्रों को देखा। **उन सभीको देखकर, उन सबके लिये अर्जुन के हृदय में शोक**

उत्पन्न हो गया। इससे दुःखी व भयभीत होकर श्रीकृष्ण महाराज से कहा- **श्लोक २४-२७   1**

हे कृष्ण! इन सभी स्वजन समुदायों को युद्ध के लिये तैयार देखकर, मुझे अपने अंगों में शिथिलता मालूम हो रही है। भयसे मेरा गला सूख रहा है, शरीर कप रहा है, हाथ से गाण्डीव धनुष छूटा जा रहा है, त्वचा में जलन हो रही है। युद्ध करने के लिये मेरा मन भ्रमित सा हो रहा है, इसलिये अब मैं सीधे से खड़ा भी नहीं हो पा रहा हूँ। युद्ध में अपने कुलवंशियों को मारकर अपना कल्याण नहीं देख पा रहा हूँ। मैं विजयी होकर राज्य का सुख नहीं भोगना चाहता हूँ। जो राज्य का सुख भोगने के लिये जीवित रहना चाहते हैं वे सब धन और जीवन की आशा को त्याग कर युद्ध के लिये खड़े हैं। मेरे गुरूजन, मेरे स्वजन, मेरे भाई कौरव मुझे मार दे तबभी मुझे पश्चाताप नहीं होगा, यह पृथ्वी राज्य तो क्या तीनों लोकों के राज्य के लिये इन सबको मैं नहीं मारना चाहता। **हे कृष्ण,** धृतराष्ट्र के पुत्रों को मारकर मुझे क्या प्रसन्नता होगी? इनको मारकर मुझे पाप ही तो लगेगा। इनको मारकर हम सुखी नहीं होंगे, इनको मारने के लिये हम योग्य नहीं हैं। इन कौरव भाइयों की बुद्धि में यह बात क्यों नहीं आ रही है। ये अपने कुल के दोष नाशक गुणों को नहीं देख रहे हैं। हम

लोगोंको विचार करना चाहिये कि यह पाप पूर्ण कार्य युद्ध न हो, इससे कुल नाश हो जायेगा। **श्रीकृष्ण महाराज से अर्जुन ने कहा-** ऐसा हमने सुना है, "कुल के नाश होने से सनातन कुलधर्म नष्ट हो जाते हैं, धर्म के नाश होने से पूरा कुल पाप से दब जाता है तथा पाप के अधिक बढ़ जाने से कुल की स्त्रियाँ दूषित हो जाती हैं। स्त्रियों के दूषित होने से वर्ण बदल जाते हैं, जिससे कुल नरक गामी हो जाता है। कुल संतानों से पिण्ड न मिलनेसे पितर लोग गिर जाते हैं। वर्णदोष होने पर कुलधर्म व जाति धर्म नष्ट हो जाते हैं। नष्ट हुये कुल धर्म वाले मनुष्यों का अनन्त काल तक उत्थान नहीं हो पाता है। **श्लोक २८-४४**

श्रीकृष्ण महाराज के शान्ति से सुनते रहने से अर्जुन ने पुनः कहा, "हम लोग बुद्धिमान होकर भी इस बड़े पापकर्म को करने के लिये तैयार हैं, राज्य और सुखलाभ के लिये अपने ही परिवारी जनों को मारने के लिये तैयार हुये हैं। मैं शस्त्र त्याग रहा हूँ, यदि मुझ शस्त्र रहित को शस्त्रधारी धृतराष्ट्र के पुत्र युद्धस्थल पर मारे, तो वह मरना भी मेरे लिये कल्याण कारी होगा। **श्लोक ४५-४६ तक   1**

सारथी संजयने धृतराष्ट्र को बताया- शोक से ग्रहसित होकर बाण सहित धनुष को त्याग कर अर्जुन रथ के पिछले भाग में बैठ गये। **श्लोक४७**

पहला अध्याय "अर्जुनविषादयोग" समाप्त

द्रूसरा अध्याय "सांख्ययोग"

पाँच महाभूत व जीवात्मा की व्याख्या

शोकसे युक्त दुःखी, आँखोंमें आँसू भरे हुये अर्जुन से भगवान् श्रीकृष्ण ने कहा- हे अर्जुन! इस युद्ध स्थल में, युद्ध प्रारम्भ के समय ही तुम्हारे हृदय में यह अज्ञानता के विचार कहाँ से आ गये। ऐसे विचार श्रेष्ठ पुरूषों में नहीं होते हैं, यह विचार न ही कीर्ति बढ़ाने वाले और न ही स्वर्ग को देने वाले हैं। अपने हृदय को निर्बल न होने दो, नपुन्सक होना तुम्हारे योग्य नहीं है। युद्ध करने के लिये खड़े हो जाओ।

श्लोक१-३

अर्जुन ने कहा, हे मधुसूदन! गुरू द्रोणाचार्य और पितामह भीष्म मेरे लिये पूज्यनीय हैं, इन पर मैं बाणों से प्रहार कैसे करुँगा? इनको मारकर मैं धन, राज्यसुख, कामसुख कैसे भोगूँगा? यह सुख स्थाई नहीं हैं। मैं इनको न मारकर भिक्षा द्वारा प्राप्त अन्नसे जीवन निर्वाह करनेमें अपना कल्याण समझता हूँ। इससमय मैं नहीं सोच पा रहा हूँ कि युद्ध करूँ या न करूँ। हम जीतेगें या कौरव मुझे जीतेगें। जिनको मारकर हम राज्य सुख भोगकर जीना नहीं चाहते, वे सब धृतराष्ट्र

के पुत्र मेरे सामने युद्धके लिये खड़े हैं। इस समय मैं कायर हो गया हूँ, धर्म की वास्तविकता को भूल गया हूँ, अपने वंशजों के मोह में उलझ गया हूँ, शोक से ग्रहसित हूँ। **मैं आपका शिष्य हूँ, मार्ग दर्शन चाहता हूँ। कृपया मुझे मेरे हित की शिक्षा दीजिये।** पृथ्वी पर धन से युक्त राज्य और देवताओं के सहयोग से भी मुझे नहीं लगता कि मुझे इन्द्रियों को दुःखी करने वाले शोक से मुक्ति मिल जायेगी। **श्लोक४-८   2**

अर्जुन की यह देयनीय स्थिति देखकर धृतराष्ट्र को महात्मा संजय बताते हुये कहते हैं- अन्तर्यामी श्रीकृष्ण महाराज ने दौनों सेनाओं के बीच में खड़े शोकयुक्त अर्जुन से हँसकर समझाते हुये कहा- **श्लोक ९-१० तक**

हे अर्जुन! तुम विद्वानों जैसी बात नहीं कर रहे हो बुद्धिमान पुरूष, मरे हुये व्यक्ति और मरने वाले जीवित व्यक्ति के लिये शोक नहीं करते हैं। वास्तव में संसार का प्रत्येक व्यक्ति प्रत्येक काल में था, और आगे भी रहेगा। इनके केवल शरीर बदलते रहते हैं। इन शरीरों में आत्मा सत्यतत्व अपरिवर्तनीय है, इसके रहते केवल शरीर में बाल्यावस्था, युवावस्था व वृद्धावस्था आती है। आत्मा हमेंशा एक समान रहती है। जिसप्रकार जीवात्माके इस स्थूल शरीर का

विकार बाल्यावस्था, युवावस्था व वृद्धावस्था होना होता है परन्तु अज्ञानता से यह परिवर्तन आत्मा में आभास होता है। उसीप्रकार सूक्ष्म शरीर का विकार एक शरीर से दूसरे शरीर को प्राप्त करना है, परन्तु अज्ञानता के कारण दूसरा शरीर भी प्राप्त करना आत्मा में आभास होता है। इसलिये तत्व को जानने वाला धैर्यवान पुरूष स्थूल व सूक्ष्म शरीर की क्रिया से मोहित नहीं होता है। **हे कुन्तीपुत्र!** सर्दी-गर्मी व सुख दुःख थोड़े-थोड़े समय के लिये ही आते हैं। **इसलिये हे अर्जुन,** इस दुःख को तू सहन कर। धैर्यता रखने वाले पुरूष प्रत्येक स्थित में समान रहते हैं और मोक्ष पाने योग्य होते हैं। जिस **परमतत्व** में सम्पूर्ण जगत व्याप्त हैं, केवल उसका नाश नहीं हो सकता है। जीवआत्मा के यह सभी शरीर नष्ट होने वाले हैं। इसलिये **हे भरतवंशी अर्जुन!** तुम इनके लिये शोक न करके युद्ध करो। **श्लोक ११-१८ तक   2**

यह आत्मा न किसी को मारती है और न मारी जाती है। आत्मा न जन्म लेती है और न मरती है क्योंकि यह आत्मा बिना जन्म लेने वाली, नष्ट न होने वाली, प्रत्येक समय रहने वाली और श्रृष्टि के प्रारम्भ की है। शरीर नाश होने पर भी इसका नाश नहीं होता है। जिस प्रकार मनुष्य अपने शरीरसे पुराना वस्त्र त्यागकर

नया वस्त्र ग्रहण करता है, उसी प्रकार जीवात्मा एक शरीर को त्यागकर दूसरे नये शरीर को प्राप्त होती है। इसलिये इन शरीरों के लिये शोक करना उचित नहीं है। **श्लोक १९-२५ तक   2**

इस आत्मा को अस्त्र-शस्त्र काट नहीं सकते, आग जला नहीं सकती, जल गीला नहीं कर सकता तथा वायु सुखा नहीं सकती क्योंकि आत्मा को भेदा नहीं जा सकता, जलाया नहीं जा सकता, सुखाया नहीं जा सकता, **यह अपने आपमें स्वयं एक अविनाशी तत्व है** और यह आत्मा निसंदेह प्रत्येक क्षण रहने वाली सभी जगह व्याप्त, बिना चलने वाली, स्थिर रहकर और अस्तित्व के प्रारम्भ से ही है। **इस आत्मा का शब्दों से वर्णन नहीं किया जा सकता है।** ज्ञानइन्द्रियों (आँख, कान, नाक, जीभ व त्वचा) से अनुभव नहीं किया जा सकता और इसका मन से चिन्तन भी नहीं किया जा सकता है व यह आत्मा विकार रहित अर्थात् रोग-दोष न होनेके कारण सदा एक समान रहती है, इसलिये **हे अर्जुन!** आत्मा के ऐसे गुण होनेसे तुमको इसकेलिये शोक नहीं करना चाहिये। **श्लोक २६-३० तक**

यदि तुम इसे जन्म लेने और मरने वाला मानते हो, तो भी यह शोक करने योग्य नहीं है क्योंकि जन्म लेने

वाले की मृत्यु और मृत्यु होने वाले का जन्म होना सदा निश्चित है। इससे भी तुमको इनके लिये शोक नहीं करना चाहिये। **श्रीकृष्ण महाराज ने अर्जुन को समझाया-** भीष्म पितामह, द्रोणाचार्य आदि सभी सम्बन्धी जन्म से पहले बिना शरीर वाले थे और मृत्यु के बाद भी बिना शरीर वाले हो जायेंगे। जन्म और मृत्यु के बीच में ही सब शरीर वाले दिखाई पड़ते हैं। वास्तव में जो यह लोग हैं, वे आत्म रूप में हमेशा थे, हमेशा रहेंगे। अतः इन सबके लिये शोक करना उचित नहीं है। **हे अर्जुन!** इस **आत्मतत्व** का वर्णन बहुत ही जटिल है, संसार के कार्यों में लिप्त होने के कारण मनुष्य जीवन भर आत्मा की ओर ध्यान नहीं दे पाता है। इसलिये कोई-कोई महापुरूष इस आत्मा को आश्चर्य से देखता है, कोई-कोई आश्चर्य से कहता है, कोई-कोई आश्चर्य से सुनता है और कोई-कोई महापुरूष सुनकर भी इस आत्मा को नहीं जान पाता है। **हे अर्जुन!** यह आत्मा सबके शरीर में रहते हुये भी नहीं मारी जा सकती है। इसलिये इन प्राणियों के मरने के लिये तुम्हें शोक नहीं करना चाहिये। क्षत्रिय का धर्म है, अधर्म से ग्रहसित मनुष्यों की रक्षा करना। **हे पार्थ!** भाग्यवान् क्षत्रिय ही इस धर्मयुद्ध के कार्य को सेवा रूप में पाते हैं। क्षत्रिय के लिये धर्मयुद्ध से बढ़कर कोई भी कल्याण कारी कर्तव्य नहीं है। यदि तुम

धर्मयुक्त संग्राम को नहीं करोगे, तो अपने धर्म और यश को खोकर पाप के भागी बनोगे। बहुत कालों तक मनुष्य तुम्हारी कायरता का वर्णन करेंगे, यह कायरता के शब्द तुमको मरने से भी बुरी स्थिति में ला देगें। जो तुमको अपना माननीय समझते हैं, अपना रक्षक समझते हैं वही महारथी तुमको धर्मयुद्ध से डरा हुआ समझकर तुम्हारी निंदा करेंगे। तुम्हारे दुश्मन लोग तुम्हारी शक्ति की निंदा करते हुये बहुत ही अशोभनीय न कहने योग्य बातों को कहेंगे, फिर तम्हारे लिये इससे बड़ा दुःख क्या होगा? क्षत्रिय होने के कारण धर्म के लिये युद्ध करने पर यदि तुम्हारी मृत्यु होती है तो तुम स्वर्ग प्राप्त करोगे और यदि इस धर्मयुद्ध में तुम्हारी जीत होती है तो इस पृथ्वी पर राज्य का सुख भोगोगे। इसलिये तुमको युद्ध करने का निश्चय करके खड़ा होना चाहिये। **श्लोक ३१-३७ तक**

यदि तुमको राज्य का सुख और स्वर्ग प्राप्ति की इच्छा न हो, तो भी लाभ-हानि,   जीत-हार, दुःख-सुख को समान समझकर इस धर्मयुद्ध को करना चाहिये। इस प्रकार युद्ध करने से तुमको पाप नहीं लगेगा। **श्लोक ३८ तक   2**

हे पार्थ! तुमको मैं ज्ञानयोग के विषय में   समझा रहा था। ज्ञानियों की इस तरह की सोच होना चाहिये,

ऐसी समझ से ही अपने परिवार और राज्य की रक्षा की जा सकती है। **श्रीकृष्ण महाराज ने अर्जुन से कहा! अब मैं तुमको निष्काम कर्मयोग के विषय में बताउँगा।** इस विषय को जानकर, तुम कर्मो के करने पर फल की चिन्ता से डरते हो, वह समाप्त हो जायेगा। प्रत्येक प्रकार का हित पहुँचाने वाला कर्म तुम निसंकोच कर सकते हो, फल जो भी हो तुमको दोष नहीं लगेगा। निष्कामकर्मयोग धर्म के अनुसार प्रत्येक किया गया कर्म जन्म-मृत्यु के भय को दूर कर देता है। **हे अर्जुन! मनुष्य के लिये कल्याणकारी मार्ग निश्चय एक ही है और अज्ञानी पुरुष कल्याण के बहुत मार्ग बताते हैं। हे अर्जुन!** गहराई से ज्ञान न रखने वाले सकामी पुरूष जो स्वर्ग से श्रेष्ठ कुछ नहीं है, **ऐसा समझने वाले केवल अच्छे फल का लालच देकर, स्वर्ग समान भोग सामिग्री तथा मान सम्मान प्राप्ती के लिये तरह-तरह की शोभायुक्त वाणियाँ बोलकर अज्ञानी जनों को रिझाते हैं। उनकी समझ के अनुसार चलने वाले तथा संसारिक भोगों और ऐश्वर्य में आसक्ति रखने वाले मनुष्यों में बुद्धि नहीं होती है। हे अर्जुन!** सभी वेदों में तीनों गुणों **(सात्विक, राजस, तामस)** के कार्यों का संसार में करने के लिये सुन्दर ढंगसे वर्णन किया है, इसलिये तुम बिना फल की इच्छा से सुख-दुःख के

भावों को ध्यान में न रखते हुये अविनाशी वस्तु आत्मा में स्थित और अप्राप्त वस्तु की प्राप्ति तथा उस वस्तु की रक्षा की भी न सोचते हुये अपनी आत्मा के आधीन हो। क्योंकि मनुष्य को (प्यास तृप्ति) के लिये स्थाई बड़ा जलाशय प्राप्त होने पर छोटे-छोटे अस्थाई जलाशयों की आवश्यकता नहीं रहती है। उसी प्रकार ब्रह्मानन्द प्राप्ति होनेपर मिलने वाले आनन्द अथवा शान्ति पाने के लिये वेदों की आवश्यकता नहीं रहती है। **(ब्रह्मानन्द अथवा शान्ति वास्तव में यही है, के स्पष्टीकरण के लिये वेदों को पढ़ा जा सकता है।)** हे अर्जुन! तुम्हारा अधिकार केवल कर्म करने पर है, कर्म का फल तुम्हारे अनुसार नहीं मिलेगा। परिणाम सफलता-असफलता दौनों में हो सकता है। कहीं असफल न हो जाये इस डर से कर्म करना नहीं छोड़ना चाहिये। शुभ व अशुभ फल मिलने पर निष्काम कर्मयोगी व्यक्ति सुखी व दुःखी नहीं होता, प्रत्येक स्थित में समत्वभाव में रहता है। इसलिये **हे धनन्जय!** प्रत्येक स्थित में समभाव में रहने के लिये अभ्यस्थ बनो। केवल लाभ फल की इच्छा से कर्म करने वाले लोग भिखारी समान होते हैं। समभाव में रहने वाले व्यक्ति पुण्य-पाप लगने के कष्ट की चिन्ता किये बिना अपने नैतिक कर्मोंमें लगे रहते हैं। समभाव में रहते हुये किन्हींके प्रति अपने दायत्यों को निभाने

से कर्मबन्धन से छुटकारा मिलता है। बुद्धिमान ज्ञानीजन अपने प्रति लाभफल की आशा किये बिना दूसरों के हित के लिये सेवा कर्म करते रहते हैं और अमृतमयी शान्ति प्राप्त करते हैं। **हे अर्जुन!** अभी तक जीवन में तुमने कर्मयोग के अनेक सिद्धान्तों को बहुत लोगों से सुना है, अपने विचारों से समझने के कारण भ्रमित हो गये हो और परिवार जनों से मोह के कारण शोक के विकार से ग्रहसित भी हो गये हो। तुम्हारी अस्थिर बुद्धि जब परमात्मा के स्वरुप सत्य में स्थिर होकर रुक जायगी, तब तुमको समभाव में रहने का गुण स्वयं आ जायेगा। **श्लोक ३९-५३ तक**   2

भगवान् श्रीकृष्ण के विचारों को सुनकर अर्जुन ने पूछा! परमात्मा के स्वरूप में स्थिर समाधिष्ट स्थिर बुद्धिवाले पुरूष के क्या लक्षण होते हैं? वह किस प्रकार बोलता है? वह किस प्रकार बैठता है? वह किस प्रकार चलता है? **श्लोक ५४**

इसके पश्चात भगवान् श्रीकृष्ण ने अर्जुन को समझाया- (मनुष्य अपनी पाँचों ज्ञान इन्द्रियों आँख, कान, नाक, जीभ और त्वचा से मन द्वारा संसारिक पदार्थों में भोग आनन्द लेते-लेते थककर उनमें दुःख पाने लगता है, तब अपने जीवन के जिस काल में मन से सभी इच्छाओं का त्याग कर देता है।) **उस समय**

से मनुष्य अपनी आत्मा को अपनी आत्मा से ही आनन्द देने लगता है, क्योंकि आत्मा को संसारिक कोई भी वस्तु आनन्द देने में सक्षम नहीं है। दुःख मिलने पर मन में बेचैनी नहीं होती है, दिलकी धड़कन सामान्य रहती है, त्वचा से स्पर्श सुख की लालसा समाप्त हो जाती है। किसी के प्रेम में व्याकुल नहीं होता, किसी से भय नहीं लगता व किसी पर क्रोध भी नहीं आता है। उसको किसी भी पदार्थ से स्नेह होने पर भी आसक्ति नहीं रहती, किसी भी अच्छी-खराब वस्तुके पाने पर न प्रसन्नता होती है और न ही निराशा होती है। मिल जाये तो ठीक, न मिले तो ठीक इस प्रकारके स्थाई विचार हो जाते हैं। नदी में रहने वाला जलीय जीव कछुआ अपने सभी अंगो शिर (ज्ञान इन्द्रियाँ) और हाथों, पैरों (कर्म इन्द्रियों) को अपने कवच के अन्दर करके स्थिर बुद्धि समान हो जाता है। उसी प्रकार मनुष्य अपनी कर्मइन्द्रियों को स्थिर करके व अपनी ज्ञानइन्द्रियों को उनके विषयों (रस, रूप, गन्ध, स्पर्श, ध्वनि) में न लगाये हुये होकर एक स्थान पर बैठ जाता है। ये लक्षण समाधि में स्थित स्थिर बुद्धि मनुष्य के होते हैं। हालांकि ज्ञानइन्द्रियों द्वारा इनके विषयों को ग्रहण न करने से इनके विषयोंसे छुटकारा मिल जाता है परन्तु इनका प्रेम हृदय से समाप्त नहीं होता है। यदि मनुष्य परमात्मा का साक्षात्कार करता

है तब उसका इन्द्रियों के विषयी सुखों के प्रति लगाव भी समाप्त हो जाता है। **हे अर्जुन!** बुद्धिमान पुरुषके बहुत प्रयास करने पर भी यह चौपट व नष्ट करने वाली इन्द्रियाँ उस पुरुष के मनको बलपूर्वक अपनी ओर आकर्षित कर   लेती हैं। इसलिये मनुष्य को अपनी इन्द्रियों को वश में करके अपने चित्त को मेरे आधीन रखना चाहिये; क्योंकि इन्द्रियों को वश में रखने वाले पुरुष की बुद्धि स्थिर होती है। **श्लोक ५५-६१तक**

श्रीकृष्ण भगवान् अर्जुन से कहते हैं! यदि मनुष्य अपने मन को ज्ञानइन्द्रियों द्वारा संसारिक द्रश्यों, विचारों और सोच से न हटाकर परमात्मा में नहीं लगाता है, तो मन द्वारा इन्द्रियों के विषयों का चिन्तन होता है, फिर उन विषयों में ज्यादा लगाव हो जाता है, फिर लगाव होने से उन विषयों का सुख भोगने की इच्छा होती है, उस विषय की प्राप्ति में बाधा पड़ने पर क्रोध उत्पन्न होता है क्रोध आने पर अच्छा सोचने की छमता समाप्त हो जाती है, उस समय मस्तिष्क की अच्छी स्मरण शक्ति भी समाप्त हो जाती है, ज्ञान छमता नष्टहो जाती है, ज्ञान छमता नष्ट होनेसे मनुष्य सत्यमार्ग पर चलने व सत्यकर्मों के करने से रूक जाता है। (ज्ञान इन्द्रिय आँख का विषय है **देखना**

रूप, कान का विषय है **ध्वनि सुनना**, नाक का विषय है **सुगन्ध अथवा दुर्गन्ध**, जीभ का विषय है **स्वाद**, त्वचा का विषय है **स्पर्श अनुभव छूना।) मन** ज्ञानइन्द्रियों के विषयों का चिन्तन करता है, जहाँ मन जाता है वहीं इन्द्रियाँ पहुँच जाती हैं। मन की इच्छा पूर्ति करते-करते मन बहुत शक्तिशाली बन जाता है। परन्तु अपने अन्तःकरण अर्थात आत्मा के आधीन रहने वाला पुरुष प्रेम-घृणा से रहित होकर अपने वश में की हुई ज्ञानइन्द्रियों द्वारा उनके विषयों का सुख भोगने पर अपने अन्तःकरण को स्वच्छ रखते हुये प्रसन्नता प्राप्त करता है। इस प्रकार निर्मल होने पर संसार में दुःख होते हुये भी वह दुःखों का अनुभव नहीं करता। इस प्रकार प्रसन्नचित हुये मनुष्य की बुद्धि स्थिरहो जाती है। **हे अर्जुन** ज्ञानी मार्ग दर्शको के आभाव में मनुष्य को अच्छे संस्कार नहीं मिलते हैं, उसके अन्तःकरण में परमात्मा के प्रति लगाव उत्पन्न नहीं हो पाता है। परमात्मा में आस्था न होने के कारण शान्ति नहीं मिलती और अन्दर से शान्ति न होने के कारण बाहर सुख होते हुये भी सुख का अनुभव नहीं कर पाता है। उसकी पाँचों ज्ञान इन्द्रियाँ जीभ, आँख, नाक, त्वचा और कान बाहरी पाँच अनुभव स्वाद, रूप, गन्ध, स्पर्श और ध्वनि के सुखों के लिये मन के पीछे दौड़ती रहती हैं। जिस प्रकार नदी में नाव को

वायु अपने साथ बहा ले जाती है, उसी प्रकार इन्द्रियाँ अपने-अपने बाहरी रसों के सुखों में **मन** के साथ बहती रहती हैं और यही इन्द्रियाँ बाहरी क्रिया-कलापों में लिप्त होने के कारण बुद्धि को श्रेष्ठ नहीं होने देती हैं। **हे महाबाहो-** जिस पुरूष की इन्द्रियाँ अपने विषयों के वश में न होकर विषयों द्वारा वश में की होती हैं और अपने-अपने विषयोंके सुखों के लिये लालायत नहीं रहतीं हैं, ऐसे पुरूष की स्थिर बुद्धि होती है। संसार में मिलने वाले सुख अस्थाई, नष्ट होने वाले, थोड़े समय या थोड़े दिनों के लिये होते हैं। इन्हीं सुखों को पाने के लिये मनुष्य दिन में कठिन परिश्रम करता है परन्तु तत्व का जानकार योगी पुरूष दिन में परमात्माकार्य समझते हुये परमात्मा चिन्तन के साथ सभी कार्य करता है जिससे उसका संसारिक कर्म होते हुये विश्राम होता रहता है। रात्रि में मनुष्य थकान मिटाने हेतु पूरी रात्रि चैन की नींद लेता है परन्तु तत्व का अनुभवी योगीपुरूष रात्रि के शान्त वातावरण में परमात्मा का ध्यान करके शान्ति पाता है। सोता भी है तो सचेत होकर। पृथ्वी की सभी विशाल नदियाँ समुद्र को विचलित न करते हुये उसमें समा जाती हैं, उसी प्रकार स्थिरबुद्धि पुरूष की इन्द्रियाँ विषयों के सुखोंसे विचलित नहीं होती हैं। स्थिरबुद्धि पुरूष किसी सुखके लिये हठपूर्वक अपने मन को नहीं मारता है, उस

सुखको पानेकी उसकी मन से इच्छाही नहीं होती है। संसारिक भोगों की इच्छा रखने वाला पुरूष परम शान्ति को नहीं पा सकता है। जो पुरूष अपनी सभी संसारिक इच्छाओं की लालसा छोड़कर मतामुक्त हो जाता है और जिसका अहंकार व कामदोष भी समाप्त हो जाता है। वह पुरूष ही स्थाई शान्ति अथवा परमात्मा अनुभूति का सुख पा जाता है। **भगवान् श्रीकृष्ण ने समझाया, हे अर्जुन!** ब्रह्म को जानकर उसमें ध्यानिष्ठ होने वाले योगीपुरुष की ही ऐसी सुन्दर स्थित होती है। जिस व्यक्ति की ऐसी स्थिति हो जाती है वह योगी पुरूष कभी मोहित नहीं होता है और जीवन के अन्तिम समय में परमात्मा के दर्शन में ही अन्तिम श्वांस लेकर ब्रह्मानन्द को प्राप्त कर लेता है।

श्लोक ६२-७२ तक

दूसरा अध्याय "सांख्ययोग" समाप्त

तीसरा अध्याय "कर्मयोग"

निःस्वार्थपरता के साथ सत्कर्म करने का लाभ

संसारिक कर्म करने की अपेक्षा परमात्मा द्वारा शान्ति पाने के लिये ज्ञान की महिमा सुनने के बाद **अर्जुन ने श्रीकृष्ण महाराज से पूँछा- हे केशव!** आपके अनुसार कर्म करने की अपेक्षा ज्ञान उत्तम है तो आप मुझे भयंकर कर्म कौरवों से युद्ध करने के लिये क्यों कह रहे हैं? **आपसे मिली-जुली सी बात सुनकर मैं भ्रमित हो रहा हूँ।** मेरा मोह समाप्त नहीं हो पा रहा है, मेरे कल्याण योग्य जो कार्य हों, निश्चय करके कृपया मुझे बताइये। इस प्रकार अर्जुन के पूँछने पर **भगवान् श्रीकृष्ण ने कहा, "हे निष्पाप अर्जुन!** इस संसार में मैंने ज्ञानियों (बुद्धिमानों) को ज्ञान (बुद्धि) की परिपक्व स्थित कि वास्तविक ज्ञान (बुद्धिमानी) क्या है? और संसार के हित में कार्य करने वाले योगियों को बिना लाभ-हानि के परिणामकी इच्छा न रखना (निष्कामकर्मयोग) की परिपक्व स्थित क्या है? **इसके बारे में बताया है।** कोई भी मनुष्य किसी भी क्षण बिना कर्म किये रह ही नहीं सकता है क्योंकि प्रकृति से उत्पन्न कर्म तो होते ही

रहते हैं। श्वांस लेना, देखना, सुनना, मस्तिष्क से सोचना आदि सभी प्राकृतिक कर्म हैं, जो प्रत्येक मनुष्य द्वारा न करने पर भी होते रहते हैं। इसलिये किसी भी मार्ग पर चलने वाले व्यक्ति को कर्म करना त्यागने की आवश्यकता नहीं है। कर्मो को त्यागने से मनुष्य कर्मो का त्यागी नहीं बन सकता है और न ही मनुष्य कर्मो के त्यागने से परमात्मा के अनुभव द्वारा शान्ति का सुख पा सकता है। नासमझ पुरुष **हठ से** अपनी कर्मइन्द्रियों (हाथ, पैर, गला, अपान व जननेन्द्रिय) को कार्य करने से रोकता है। इसको-उसको हाथों से नहीं छुऊँगा, यहाँ-वहाँ पैरों से नहीं जाऊँगा, ऐसा-वैसा नहीं बोलूँगा, यह-वह नहीं खाऊँगा, कामुक विचारों पर नियंत्रण रखूँगा परन्तु ज्ञान इन्द्रियों (जीभ, आँख ,नाक, त्वचा, कान) से उनके विषयों (स्वाद, रुप, गन्ध स्पर्शसुख, ध्वनि) का **मन से चिन्तन** करता है। ऐसा पुरुष सदाचारी, श्रेष्ठ नहीं कहा जाता है। **पुनः श्रीकृष्ण जी ने अर्जुन को समझाया-** जो पुरुष अपनी इन्द्रियों के वश में मन को करके बिना सुख-दुःख लाभ की इच्छा से कर्मइन्द्रियों द्वारा सत्यकर्म करता है, उस पुरुष को श्रेष्ठ, सदाचारी कहा जाता है। इसलिये **3 तुम शास्त्रों के अनुसार** कर्तव्य करने वाले धर्मकर्मो को करो क्योंकि तुम्हारे लिये कर्म करने में निष्क्रिय होने की अपेक्षा युद्धकर्म

करना अच्छा है। युद्ध न करने से तुम्हारा शेष जीवन आलोचनाओं के सुनने में व्यतीत होगा जिससे शान्ति से जीवन निर्वाह भी नहीं कर पाओगे। **शलोक १-८ तक 3**

भगवान् श्रीकृष्णने कहा- हे अर्जुन! कर्मबन्धन के भय से भी कर्म करना नहीं छोड़ना चाहिये। (यदि मनुष्य कर्मोंका त्याग कर देंगे तो संसार में एक दूसरे का सहयोग किस प्रकार होगा।) **केवल विष्णुजी अर्थात् परमात्मा** के लिये किये कर्मों से मनुष्य बँधा नहीं होता है। (उनके लिये **न** कार्य करने वाले मनुष्य भी अपना जीवन भौतिक सुखों के साथ व्यतीत करते चले जाते हैं परन्तु वे आत्म शान्ति नहीं पा पाते हैं। अपने आपको ईश्वर से जोड़ने पर आन्तरिक शान्ति देने वाली कृपा अनुभव होने लगती है।) **अतः भगवान् श्रीकृष्ण अर्जुन से कहते हैं-** कर्मों को बिना लाभ-हानि की परवाह किये परमेश्वर का कार्य समझकर निसंकोच अपना कर्तव्य निभाओ। परमात्मा ने तुमको इस धर्मकार्य के लिये चुना है। **प्रजापति ब्रह्माजी ने मनुष्यों के लिये बताया है-** निस्वार्थ भाव से कर्म करने पर मनुष्य को आवश्यकता की सभी प्रिय भोग वस्तुयें परमात्मा प्रदान करा देता है। (पृथ्वी पर अव्यवस्थित व्यवस्था परमात्मा कीही रची हुई है, इसीको व्यवस्थित करने के लिये मनुष्य का जन्म

हुआ है। यदि परमात्मा ऐसी अव्यवस्थित रचनान रचता, सब वातावरण ठीक-ठाक होता तो मनुष्य को कुछ करना ही नहीं पड़ता।) देवता चाहते हैं कि मनुष्य अच्छे कर्मो द्वारा देवताओं की अव्यवस्थित व्यवस्था को ठीक करे तब देवतागण उन्नति करके उनका कल्याण करेंगे। (गरीबों की भोजन कपड़ा मकान द्वारा सहायता करें, विकलांगों की मदद करें, रोगियों का निदान कराये आदि। गरीब, विकलांग, रोगी आदि अपने कर्मो के अनुसार परमात्मा द्वारा ही तो बनते हैं। इसके कारण पृथ्वी पर मनुष्यों को सत्कर्म करने का अवसर प्राप्त होता है।) किसी सज्जन व्यक्ति को परमात्मा की कृपा से दिया गया भौतिक सुख को, जो व्यक्ति उसे बिना बताये भोगता है उसे चोर कहा जाता है। परिश्रम करके जो श्रेष्ठ पुरुष अपने पर आश्रित जीवों को खिलाकर बचे हुये अन्न को खाते हैं, वे सब पापोंसे मुक्त हो जाते हैं। जो मनुष्य केवल अपने जीवन निर्वाह के लिये ही कमाते-खाते हैं, वे पाप को ही प्राप्त होते हैं। **मनुष्य के लिये यज्ञ करना बहुत ही पुण्य का सत्कर्म है। पृथ्वी पर यदि बर्षा न हो तो सूखा पड़ जायेगा, पानी के आभाव में जीव, जन्तु व मनुष्य मरने लगेगें। अन्न पैदा नहीं होगा। यज्ञ करने से बर्षा होती है, बर्षा होने से खेतों में अन्न पैदा होता है। प्राणियों के अन्न**

खाने से शरीरमें रक्त, रज, वीर्य बनता है। इसलिये सम्पूर्ण प्राणीं अन्न से उत्पन्न होते हैं। वर्षा से जल उत्पन्न होता है, यज्ञ करने से बारिष होती है, यज्ञ मनुष्यों द्वारा किया गया कर्म है। यज्ञ कर्म करने का निर्देश वेद से मिला है, वेद अविनाशी परमात्मा से उत्पन्न हुये हैं **इसलिये परम अक्षर परमात्मा यज्ञ में समाहित रहते हैं। भगवान् श्रीकृष्ण अर्जुन को पुनः समझाते हैं- हे पार्थ!** सृष्टि रचियता ने इस क्रम के अनुसार मनुष्य का जन्म कराया है और परमात्माने वेदों में उनको करने के लिये कार्य भी बताये हैं जो मनुष्य इस संसार में जन्म लेने के बाद इस के अनुसार कर्मों को नहीं करते हैं वे पुरुष केवल इन्द्रियों का सुख भोगते हुये व्यर्थ ही जीवन व्यतीत करते हैं और पाप को प्राप्त होते हैं। (संसार में पशु-पक्षी केवल अपनी इन्द्रियों का सुख आहार, भय, निद्रा, शारीरिक आनन्द भोगकर मर कर नष्ट हो जाते हैं।) **शलोक ९-१६ तक 3**

परन्तु जो मनुष्य अपनी आत्मा को ही सच्चा मित्र समझकर आत्मा से ही प्रेम करके **आत्मा को आत्मा से ही तृप्त करता है** उसके लिये अन्य दूसरे कर्तव्य होते हुये भी नहीं होते हैं क्योंकि उसके द्वारा कर्म करने और न करने का कोई प्रयोजन नहीं होता है

केवल लोक के हित में निस्वार्थ भाव से कर्म करता रहता है। इसलिये तुम कर्मों में आसक्तन होकर अपने कर्तव्य कर्म को करो। क्योंकि अनासक्त मनुष्य अपने कर्मको करता हुआ परमात्मा को प्राप्त होता है। **राजा जनक और उनके समान अन्य ने आसक्तरहित होकर अपने जीवन में कर्म करके परम सिद्धि को प्राप्त किया।** इसलिये तुम इससमय की स्थति के अनुसार लोक कल्याण हेतु अपने कर्म को करने में सक्षम हो। श्रेष्ठपुरुष के आचरण के अनुसार ही अन्य मनुष्य आचरण करते हैं। **भगवान् श्रीकृष्ण अर्जुन को समझाते हुये बताते हैं- हे अर्जुन!** मुझे तीनों लोकों की प्रत्येक सुख सुविधा प्राप्त है, जीवकोपार्जन व इन्द्रियों के सुख के लिये मुझे किसी प्रकार का कार्य करने की आवश्यकता नहीं है, **तो भी में वेदों के अनुसार प्रत्येक कार्य करता हूँ।** प्रतिष्ठित व्यक्ति अच्छी-बुरी जो भी छाप संसार में छोड़ देता है, उसी आचरण पर प्रजा अमल करने लगती है। यदि **मैं** सावधान होकर आगे-पीछे का सोचकर कार्य नहीं करूँगा,तो मेरे व्यवहार के अनुसार प्रजा कार्य करने लगेगी और सब भ्रष्ट हो जायेंगे, सबके वंशको कष्ट में डालने और मारने का दोष मुझे लगेगा। श्रेष्ठपुरुष के आचरण के अनुसार उस पर विश्वास करके अन्य पुरुष उसी के अनुसार

आचरण करते हैं। इन विचारों को न जानने वाले जो अज्ञानीपुरुष स्वार्थ भावसे सेवा कर्म करते हैं उनके आचरण से कोई अच्छी समझ नहीं मिलती है और निस्वार्थ भावसे करने वाले विद्वान पुरुषों के आचरण शिक्षाप्रद होते हैं। (मनुष्य को प्रसन्न चित्त होने के लिये, तृप्त व संतुष्ट होने के लिये बाहरी संसाधनो की आवश्यकता होती है। यह संसाधन सबको प्राप्त नहीं हो सकते हैं, कोईभी सन्तुष्टि देने के लिये प्रत्येक क्षण तुम्हारे साथ भी नहीं रह सकता है। सभी संसाधन व व्यक्ति अस्थाई होते हैं केवल तुमको तुम्हारी आत्मा अन्तिम श्वांस तक प्रेम व संतुष्टि दे सकती है और तृप्त भी कर सकती है।) **श्लोक १७-२५ तक 3**

संसारमें अज्ञानता के कारण नासमझ पुरुष कर्मो में आसक्त होकर केवल लाभ फल की इक्छा से सेवा कार्य करते हैं। ज्ञानवान समझदार पुरुष को चाहिये कि वह नासमझी से कार्य करने वाले व्यक्ति को अच्छा मार्ग दर्शन देने का प्रयास करे, उसको भ्रमित न करे। वह स्वयं परमात्मा का चिन्तन करते हुये तथा सब कर्मो को सुचार रुप से करते हुये, उनसे भी उसी प्रकार सुचार रुप से कार्य करबाये। **भगवान् श्रीकृष्ण अर्जुन को समझाते हैं, हे अर्जुन!** संसार के प्रत्येक कार्य ईश्वर की कृपा से होते हैं, यदि ईश्वर न चाहे तो

व्यक्ति सत्कर्म का भी प्रभावशाली कार्य नहीं कर सकता है, परन्तु मनुष्य अहंकारवश समझता है कि **मैं ही इस कार्य को करने वाला हूँ। हे महाबाहो!** तुम्हारे इस स्थूल शरीर की रचना वायु, जल, अग्नि, पृथ्वी, आकाशासे हुई है, इसमें पाँच कर्म इन्द्रियाँ जिनके द्वारा संसारिक कार्य किये जाते हैं व पाँच ज्ञान इन्द्रियाँ जिनसे संसारिक वातावरण के पाँच रसों का अनुभव किया जाता है। प्रकृति के ये कार्य करने के गुण व कर्म हैं। शरीर में आत्मतत्व जिसे जीवन या प्राण कहते हैं **मुख्य तत्व होता है।** (इन तत्वों का जानकार अनुभवी ज्ञानी पुरुष अनासक्त भाव से ही संसारिक सेवा कर्मो को करता है। ऐसे ज्ञानी पुरूष को कर्तव्य मार्ग पर न चलने वाले अज्ञानी पुरुष को भी कर्तव्य मार्ग पर चलने के लिये प्रेरणा देनी चाहिये। **भगवान् श्रीकृष्ण ने अर्जुन से स्पष्ट किया, ”मैं“ पूर्ण हूँ, मुझ पर विश्वास करो अपने सभी कर्मो को मेरे ऊपर पाप-पुण्य की जिम्मेदारी पर छोड़कर युद्ध करने का कर्तव्य निभाव।** लाभ-हानि ,यश-अपयश की चिन्ता मत करो, किसी के ममता मोह में मत उलझो तथा किसी के मरने व बचने का भी विचार मन में न लाओ। केवल मेरा चिन्तन करते हुये युद्ध करो। **मैं** तुमको तुम्हारे द्वारा सोचे हुये सभी पाप कर्मो से मुक्त कर दूँगा।) **हे अर्जुन!** मुझमें श्रद्धा रखने वाले

दोष रहित जो मनुष्य मेरे मत के अनुसार कार्य करते हैं वे अपने सम्पूर्ण किये हुये कर्मोंसे निश्चिन्त हो जाते हैं। चिन्ता नहीं करते हैं कि उनके द्वारा किये गये कर्मों का क्या परिणाम होगा और जो दोषपूर्ण नासमझ मनुष्य मुझमें श्रद्धा न रखने वाले इस शारीरिक तत्वज्ञान को नहीं समझते हैं। संसारिक सुखों में मोह रखते हुये स्वार्थ भाव से कर्म करते हैं उनका कल्याण सम्भव नहीं है ऐसा समझो। सभी प्राणी मोह, ममता, स्वार्थप्रियता के प्राकृतिक स्वभाव के कारण इन गुणों के आधीन होकर कर्म करते हैं, परन्तु इन प्राकृतिक गुणों से प्रभावित न होकर बुद्धिमान पुरुष कर्म करता है। हठ पूर्वक प्रकृति के गुणों के स्वभाव को बदलकर कार्य नहीं किया जा सकता है। ज्ञानइन्द्रियों द्वारा उनके रसोंके अनुभवों में   प्रेम और घृणा दौनों गुणों के आधीन नहीं होना चाहिये क्योंकि मनुष्य का कल्याण करने वाला जो कर्ममार्ग है उसके लिये ये दौनों प्रेम और घृणा वाले गुण बड़े शत्रु हैं। इसलिये दौनों गुणों पर से विचार हटाकर अपने धर्म का कार्य करना चाहिये। **दूसरे के धर्म से अपना गुणरहित धर्म यदि लोक हित की इच्छा के साथ किया जाता है तो अति उत्तम होता है। अपने धर्म के लिये प्राण देना भी कल्याण कारक होता है और दूसरे के धर्म का पालन भयभीत करता है।** (असहाय की रक्षा

करने वाले पुरुष उनकी रक्षा करना अपना धर्म बना लेते हैं जबकि दुर्जन शाषक के अनुकूल उनका यह कर्म 3 नहीं होता है परन्तु रक्षक असहाय की रक्षा करने में अपने प्राणों को देकर भी अपना कल्याण कर लेते हैं) **श्लोक २६-३५ तक   3**

इसके बाद अर्जुन ने भगवान् श्रीकृष्ण से पूँछा, हे कृष्ण! मनुष्य न चाहते हुये भी किस गुण से प्रेरित होकर यह पाप कर्म करता है? **श्लोक ३६ तक**

इस प्रकार अर्जुन के पूछने पर श्रीकृष्ण महाराज बोले, हे अर्जुन! अग्नि में सब कुछ स्वाह हो जाता है। वह किसी वस्तु को अस्वीकार नहीं करती है। (मनुष्य तीन गुणों सतोगुण, रजोगुण, तमोगुण के अनुसार अपना जीवन व्यतीत करता है।) **रजोगुण के अनुसार** जीवन व्यतीत करने वाला व्यक्ति बड़ी शान-शौकत, ठाट-वाट के साथ जीवन व्यतीत करता है। उसके भोजन, कपड़े, मकान, रहन-सहन में बहुत खर्च होता है। अपने समय की सभी सुख सुविधाओं को पाने के लिये परिश्रम करता रहता है। अग्नि की तरह वह भोगों से तृप्त नहीं होता है और पाप कर्म करने लगता है। **मनुष्य को प्रवल मात्रा में रजोगुण अपनाना पापी बना देता है।** जिसप्रकार अग्नि की चमक उसके धुएँसे ढक जाती है, धूल की पर्त से

देखने वाला सीसा ढक जाता है, गर्भाशय के अन्दर जेरसे ढके होनेके कारण गर्भस्थ शिशु नहीं दिखाई 3 पड़ता है। **उसी प्रकार रजोगुण से प्रभावित मनुष्य में काम प्रवृत्ति ज्यादा होने से उसका ज्ञान अन्दर ही दब जाता है।** रजोगुण से जीवन व्यतीत करने वाले ज्ञानियों में भी अग्नि के समान इच्छायें तृप्ति न होने से काम भावना बढ़ने से ज्ञान अन्दर ही दब जाता है। **मनुष्य शरीर में ज्ञानइन्द्रियों, मन और बुद्धि में काम इच्छाओं का रहने का स्थान है।** यह कामइच्छा ही मन, बुद्धि, ज्ञानइन्द्रियों को प्रभावित करके अच्छी समझ को अपना कार्य करने से रोक देती है और जीवआत्मा को मोहजाल में उलझा देती है। (सौन्दर्य देखने की चाहत भी काम इच्छा के अन्तर्गत आती है।) **हे अर्जुन!** सबसे पहले अपनी इन्द्रियों को अपने वश में करके सभी कामनाओ के विचारों को छोड़ दो यह तुम्हारी बुद्धि को नष्ट कर रहा है जिससे तुम जीवन में उन्नति के कार्य नहीं कर पा रहे हो। (विज्ञान की समझके द्वारा प्राकृतिक पदार्थों का रुप परिवर्तित किया जाता है जिनको मनुष्य अपने उपयोग में लेकर उन्नत करता है।) यदि तुम समझ रहे हो कि तुम इन्द्रियों को वश में करके काम इच्छा रुपी शत्रु का चिन्तन रोकने में समर्थवान नहीं हो तो यह तुम्हारी भूल है, क्योकि इस शरीरसे (श्रेष्ठ, बलवान्

और सूक्ष्म) **इन्द्रियाँ** होती हैं और इन्द्रियों से (श्रेष्ठ, बलवान् और सूक्ष्म) **मन** होता है और मन से (श्रेष्ठ, बलवान् और सूक्ष्म) **बुद्धि** और बुद्धि से भी अत्यन्त (श्रेष्ठ, बलवान् और सूक्ष्म) **आत्मा** होती है। **हे महाबली अर्जुन!** तुम अपनी आत्मा को अच्छी तरह से जानकर बुद्धि के द्वारा मन को वश में करके अपनी **आन्तरिक आत्मशक्ति** को समझकर कि आत्मशक्ति क्या है? अपने अन्दर के दुर्जन कामरुप शत्रु (संसार के प्रति लगाव रुपी अज्ञानता) को समाप्त करो। **श्लोक ३७-४३**

तीसरा अध्याय "कर्मयोग" समाप्त

चौथा अध्याय "ज्ञानकर्मसंन्यासयोग"

सभी कर्मों में संलग्न रहकर योगी रहना

इसके बाद भगवान् श्रीकृष्ण ने अर्जुन को अपने बारे में बताया, हे अर्जुन! (मनुष्य किस प्रकार अपनी आत्मा को जानकर अपना कल्याण करता है।) इस ज्ञान को **मैंने** कल्प (हजारों युग ब्रह्माण्ड रचना के प्रारम्भ) में **सूर्य** को समझाया था, सूर्य ने अपने पुत्र **मनु** को समझाया था और मनु ने अपने पुत्र **राजा इक्ष्वाकु** को समझाया था। उनसे यह ज्ञान **राजऋषियों** ने समझा। (कुछ काल तक तो इसे जानकर मनुष्य अपना कल्याण करते रहे परन्तु बाद में वे माया मोह में उलझकर अधर्म के मार्ग पर चलने लगे और अधर्मियों की संख्या ज्यादा हो गई। इसप्रकार पृथ्वी पर यह आत्मज्ञान प्रायः समाप्त सा हो गया।) **तुम मेरे प्रिय मित्र व मेरे भक्त हो और धर्म संकट में उलझे हुये हो। इसलिये यह अति उत्तम और रहस्य पूर्ण ज्ञान तुमको समझा रहा हूँ।** इसप्रकार भगवान् श्रीकृष्णचन्द्र महाराज के वचन सुनकर अर्जुन ने पूछा, हे भगवन्! आपका जन्म तो अब हुआ है, सूर्य का जन्म बहुत पुराना है फिर आपने

उस समय सूर्य को यह ज्ञान कैसे समझाया था? मैं जानना चाहता हूँ। **तब श्रीकृष्ण महाराज ने समझाया, हे अर्जुन!** तुम्हारे और मेरे बहुत से जन्म हो चुके हैं उनको **मैं** जानता हूँ कि कब किस रुपमें था परन्तु तुम अपने जन्मों के बारे में नहीं जानते हो। **मेरा जन्म प्राकृतिक व्यवस्था के अनुसार गर्भ से नहीं होता है। मैं** किसी भी प्रकार नष्ट न होनेवाला सभी जीवधारियों के शरीरों में आत्म रुप से विध्धमान रहता हूँ। परमात्मा द्वारा रचित प्राकृतिक जितने गुण, कर्म है उनको अपने आधीन करके योगमाया से प्रकट होता हूँ। **हे भारत!** जब अधर्म पर चलने वाले मनुष्य धर्म पर चलनेवाले सज्जन व्यक्तियों को व्यर्थ में कष्ट देने लगते हैं। अधर्मियों को परास्थ करना सज्जन व्यक्तियों के वश में नहीं रहता, धर्म की हानि और अधर्म की बढ़ोत्तरी होने लगती है तब **मैं** अपने रुप को समयानुसार रचता हूँ अर्थात प्रकट होता हूँ। **मैं** सज्जन व्यक्तियों और परमात्मा के भक्तों की सहायता, कल्याण, उद्धार व आन्तरिक सुख देने के लिये व धर्म की स्थापना करने के लिये पृथ्वी पर सगुणरुप में प्रकट होता हूँ, "कि मनुष्य को प्रत्येक क्षेत्र में किस-किस प्रकार का आचरण करना चाहिये।" (मेरे द्वारा दूषित कर्म करने वालों और उनका साथ देने वालों का अन्त हो जाता है।) **इसलिये हे अर्जुन!** मेरा जन्म

और कर्म संसार के मनुष्यों से अलग विशेष प्रकार के होते हैं। मुझे जो पुरुष **तत्त्व** से जानता है (अर्थात् परमेश्वर से बड़ा प्रत्येक क्षेत्र में कृपा करने वाला कोई नहीं है, ऐसा समझकर जो पुरुष परमेश्वर का चिन्तन अत्यन्त प्रेम से करते हुये आसक्त रहित होकर संसारमें सत्यकर्मों को करता हुआ जीवन निर्वाह करता है।) वह मृतक होकर इस पृथ्वी पर फिरसे जन्म नहीं लेता है। अर्थात् जन्म लेने व मृत्यु होनेके कष्टोंसे बच जाता है। जिसे मुक्त होना कहते हैं।

श्लोक १-९

भगवान् श्रीकृष्ण ने अर्जुन को आगे बताया, "तुमसे पहले बहुत से पुरुष संसार में स्नेह, भय, क्रोध के वशीभूत न होकर, केवल मेरे ही आश्रित होकर तत्व ज्ञान प्राप्त करके मेरा ध्यान तप द्वारा मेरा वास्तविक दर्शन करके मोक्ष प्राप्त कर चुके हैं। **हे अर्जुन!** भक्तों द्वारा मुझे भजने के अनुरुप ही उनके साथ **मैं** वैसा ही प्रिय व्यवहार करता हूँ। मेरे इस रहस्य मय विचार को जानकर ही बुद्धिमान मनुष्य गण सब प्रकार से मेरे अनुसार ही अनुशरण करते हैं। मेरे को तत्त्व से न जानने वाले पुरुष फल की इच्छा से देवताओं की पूजा करते हैं। उनकी पूजा से उनके मन की इच्छा भी पूरी हो जाती है परन्तु उन्हें मेरा दर्शन और साथ नहीं

मिलता है। इसलिये तुम सब प्रकार से मेरी आज्ञा को ही मानो। **श्लोक १०-१२ तक   4**

हे अर्जुन! संसारके सभी कर्मोंकि विभाग (शिक्षा देना, रक्षा करना, व्यापार करके धन अर्जित करना, सब प्रकार की सेवा करना) व गुणों के अनुसार मनुष्यों के विभाग (ब्राह्मण, क्षत्रिय, वैश्य, शूद्र) मेरे द्वारा ही रचे गये हैं। उनके द्वारा प्रत्येक प्रकार के कर्म मेरे द्वारा ही बनाये गये हैं, ऐसा तुम विश्वास करो। कर्म करने वाले सभी निवित्त मात्र होते हैं। क्योंकि उन सभी प्रकार के कर्मों व सभी प्रकार के कार्य करने वाले मनुष्यों की आवश्यकता होती है। प्रत्येक व्यक्ति एक दूसरे के लिये कार्य करता है। कर्म के परिणाम में मेरा कोई लगाव नहीं होता है। फल की इच्छा रहित केवल कर्म किया जाता है। इस प्रकार मुझे तत्त्व से जानने वाला व्यक्ति कर्मों से न बँधकर केवल अपना कर्म करता है। परमात्मा को जानने वाले तुम्हारे ज्ञानी पूर्वजों ने भी इस बात को समझकर इसप्रकार के सतकर्म किये है अतः तुम भी अपने आदर्श पूर्वजों की तरह कर्म करो। **बुद्धिमान पुरुष भी कर्म और अकर्म के तत्त्वों को भलीभाँति नहीं समझते हैं इसलिये वे क्या करना अच्छा है, क्या करना अच्छा नहीं है, इस विषय में वे भ्रमित रहते हैं।** अब मैं तुमको कर्म के तत्त्वों को

विस्तार से समझाउँगा जिनको समझकर तुम संसार के कर्मबन्धन से मुक्त हो जाओगे अर्थात् नहीं सोचोगे कि तुमने यह कार्य नहीं किया, वह कार्य नहीं किया। यह करते तो अच्छा रहता, वह करतेतो अच्छा रहता। **कर्म का वर्णन कुछ ज्यादा ही है, इसलिये कर्म, अकर्म और निषिद्ध कर्म के स्वरुपों को जानना आवश्यक है।** ज्ञानीपुरुष किसी कार्य को करने के प्रयास में अहंकार का भाव न रखते हुये समझता है कि उसने कुछ नहीं किया है और यदि अज्ञानीपुरुष कार्य के करने में जिस शैलीको अपनाकर समझता है कि वह शैली मेरे द्वारा नहीं बनी है, किसी की कृपा से यह कार्य सफल हुआ है। मनुष्यों में ऐसे पुरुष बुद्धिमान होते हैं। इस प्रकार के पुरुष सभी कर्मों को करते हुये उन्नति करते हैं। **शलोक १३-१८ तक 4**

हे अर्जुन! ज्ञानरुपी अग्निमें जो पुरुष अपने द्वारा किये गये कर्मों को जला देता है अर्थात् भूल जाता है कि मैंने कुछ नहीं किया है। ऐसे पुरुष को भी बुद्धिमान कहा जाता है। बिना संकल्प किये और बिना अभिलासा के कार्य करने वाले व्यक्ति ही ऐसा कर पाते हैं। तत्त्वज्ञानी मनुष्य सुख पाने के लिये किसी का साथ पाने और किसी कर्म को करने में सुख नहीं देखते हैं। अभिमान को त्यागकर संसार के सभी

दायत्व अच्छी तरह से निभाते हुये केवल परमात्मा में प्रीत रखते हैं। इन्द्रियों को अपने आधीन रखते हुये बाहरी भोग पदार्थों व व्यक्तियों से सुख पाने के लिये बेचैन नहीं होते हैं। मिल जाये तो ठीक न मिले तो ठीक। ऐसा व्यक्ति शरीर से सभी कार्यों को निस्वार्थ भाव से करता हुआ पाप को प्राप्त नहीं होता है। सुख मिलने से जिसके चहरे पर प्रसन्नता की चमक नहीं झलकती और दुःख मिलने पर चहरे पर निराशा नहीं होती, कार्य की सफलता और असफलता में जो समान भाव से रहता है। ऐसा व्यक्ति समत्व भाव में रहते हुये कर्मों से बँधता नहीं है। ईश्वर के चिन्तन द्वारा ज्ञान में आसक्त रहित होकर ज्ञान बढ़ाने वाला पुरुष अपने आप में सन्तुष्ट होकर यज्ञ आदि कर्मों के करने से मुक्त हो जाता है। **श्लोक १९-२३ तक 4**

(प्रचिलित बिधि से) यज्ञ करने वालों में से कोई पुरुष इस भाव से यज्ञ करते हैं कि यज्ञ करने की क्रिया, हवन सामिग्री, हवनकुन्ड की अग्नि, हवन करने वाला व्यक्ति, हवन करने से प्राप्त फल सभी कुछ ब्रह्म है। कुछ योगीजन पूजा करने के उद्देश्य से यज्ञ करते हैं। कुछ ज्ञानीमहात्मा ज्ञान द्वारा अपने आपको परमात्मा रुप अग्नि में लीन करके साधना विधि से हवन करते हैं। कुछ योगी महात्मा अपनी ज्ञान इन्द्रियों

(जीभ,आँख,नाक,त्वचा,कान) को उनके विषयों (रस,रुप,गन्ध,स्पर्श,शब्द) में आसक्त न होना यज्ञ मानते हैं। कुछ भक्त जन श्रद्धा भाव से प्रेम, घृणासे रहित होकर हवनकुन्ड बनाकर मंत्रों, श्लोको के उच्चारण द्वारा ज्ञान इन्द्रियों से वातावरण का आनन्द लेते हुये यज्ञ करते हैं। कुछ योगी संत अपनी दसों इन्द्रियों (पाँच कर्म इन्द्रियों व पाँच ज्ञान इन्द्रियों) का प्रयोग करके अपने प्राणों की चाल का अपने अन्दर अनुभव करके परमात्मा रुपी अग्नि में विलय करने के द्वारा यज्ञ करते हैं। अर्थात् अपने आत्मतत्त्व को परमात्मा से जोड़ने का प्रयास करते हैं। कुछ समाज सेवक अपनी छमतानुसार धन और सामिग्री को मनुष्यों के हित में लगाते हैं। कुछ मनुष्य अपने धर्म का पालन हेतु अपने धर्मानुसार अपने कर्मक्षेत्र में सेवाकार्य करते हैं। कुछ संयमीपुरुष अष्टांगयोग (यम, नियम, आसन, प्राणयाम, प्रत्याहार, धारणा, ध्यान, समाधि) के अनुसार चलते हैं। कुछ स्वध्यायी पुरुष जीवों की सेवा, व्रत, उपवास, भगवान् के नाम का जप करना और भगवान् की जानकारी व उनको प्राप्त करने के उपाय का अध्ययन धार्मिक पुस्तकों द्वारा करते रहते हैं। इसको यज्ञ मानते हैं। कुछ योगी महानभाव अपने शरीर में अपनी श्वांसों की गति और अपने प्राण तत्त्व का ध्यान पूर्वक अनुभव करके यज्ञ

करते हैं। इन्हीं मेंसे कोई-कोई प्राणायाम करने वाले अपनी श्वांस और अपने प्राण को कुछ-कुछ पलों के लिये रोककर सन्तुष्टि पाने का प्रयास करते हैं। कुछ धैर्यवानपुरुष अल्पमात्रा में भोजन, कम बोलना, आँखों कानों का कम प्रयोग करना, आवश्यकतानुसार सोना व जागना, परिवार की आवश्यकताओं की पूर्ति हेतु ही परिवार के सम्पर्क में रहना, अपने आप (मन) में ही खोये रहते हैं। यही उनके लिये यज्ञहवन होता है। इस प्रकार से मनुष्य अपने-अपने अनुसार अपनी जीवन शैली अच्छी समझकर अपना जीवन व्यतीत करते हैं और समझते हैं कि वह अपने जीवन में पाप से मुक्ति होने के कर्म कर रहा है। **भगवान् श्रीकृष्ण कहते हैं, हे कुरुश्रेष्ठ अर्जुन!** योगीजनों को इन सभी प्रकार के यज्ञरुपी कर्तव्यों को करने से **अनुभव रुपी परमात्मा** का आनन्द मिलता है और इन प्रकारों की कार्यशैली में न रहते हुये मनुष्य को मनुष्य लोक में सुख प्राप्त नहीं होता है अर्थात अपने अन्दर शान्ति नहीं पाता है, फिर उसे परलोक में शान्ति मिलने की कोई आशा नहीं रहती है। वेदों में शरीर, मन और इन्द्रियों द्वारा किये गये बहुत प्रकार के यज्ञों का वर्णन किया गया है। **मुझे तत्त्व से जानने के बाद, योग अभ्यास द्वारा मेरा अनुभव प्राप्त होने परही मनुष्य निष्कामकर्मयोग के अनुरुप कर्म करने योग्य हो**

पाता है और उसे संसार बन्धन से मुक्ति मिलती है। श्लोक २४-३२ तक   **4**

हे अर्जुन! संसारिक वस्तुओंसे यज्ञ करने की अपेक्षा अपने अन्दर आत्मतत्त्व से जुड़कर योग (यज्ञ) करना सब प्रकार से श्रेष्ठ है। पुरुषों द्वारा किये गये सभी सत्कर्म अविनाशी तत्व से ही उत्पन्न हुये हैं। तत्व को जानने वाले निष्कामकर्मयोगी पुरुष ज्ञान समझाने में निपुण होते हैं अतः उनको दण्डवत् प्रणाम व सेवा करके निष्कपटभाव से उनसे तत्त्वज्ञान सम्बन्धी प्रश्न पूँछकर अपनी शंका दूर करके ज्ञान प्राप्त करने के लिये प्रार्थना करो। वह तुम्हारे भाव समझकर तुमको तत्त्वज्ञान का उपदेश देगें जिसको जानकर फिर तुम इसप्रकार मोहजाल में नहीं उलझोगे। **हे अर्जुन!** इस ज्ञान के द्वारा तुम संसार के सभी प्राणियों को अपने जैसा आत्मतत्त्व रुप में देखोगे, यह शरीर आकृतियाँ द्रष्टि मेंही नहीं आयेगी, किसी में प्रेम व धृणा नहीं देखोगे। बुद्धि के विचार बदलेंगे, सभी एक समान लगने लगेंगे। तब तुम मुझे समझ पाओगे कि **मैं** कौन हूँ? और क्या हूँ? तुम देखोगे कि तुम व समस्थ भूत, वर्तमान व भविष्य मुझमें ही समाहित है। यदि तुमने सभी पापियों सेभी अधिक पापकर्म किये हैं तो भी इस ज्ञानरुपी नाव पर जीवन की यात्रा करोगे तो

तर जाओगे अर्थात् अपने अन्तरतम (अपनी आत्मा) से योग के द्वारा जुड़कर जो ज्ञान प्राप्त करोगे, उसके अनुसार जीवन व्यतीत करने से तुम्हारा कल्याण हो जायेगा। **हे अर्जुन!** जिस प्रकार जलती हुई अग्नि ईधन को भस्म कर देती है उसी प्रकार आत्मतत्व से जुड़ने पर मनुष्य का अज्ञानरुपी ईधन **ज्ञानरुपी अग्नि** में नष्ट हो जाता है। **इसलिये इस पवित्र ज्ञान के अतिरिक्त मनुष्य के लिये उपयोगी कुछ भी नहीं है।** कितने कालों से मनुष्यों ने योग के द्वारा अपने अन्दर अपनी आत्मा से जुड़कर इस ज्ञान को बढ़ाकर अपने आपको शुद्ध रखा है। **हे अर्जुन!** श्रद्धाभाव से अपनी इन्द्रियों को जीतने अर्थात वश में करने के प्रयास में लगा जो सज्जन पुरुष इस ज्ञान को प्राप्त करता है, इस ज्ञान को पाकर वह मनुष्य परमात्मा रुपी परम शान्ति पाने लगता है। **हे अर्जुन!** संसार में भगवान् के विषय को न जानने वाला, उनमें श्रद्धा न रखने वाला व भगवान् के प्रति संशय करने वाला पुरुष **अपना चरित्र निर्माण नहीं कर पाता है।** अपने आपको भ्रष्ट कर लेता है और अपने द्वारा किसी का भला नहीं कर पाता है। संशययुक्त पुरुष के लिये तो पूरा जीवन ही अंधकार स्वरुप हो जाता है। **हे धनन्जय!** जिस पुरुष ने योग द्वारा अपनी आत्मा से बुद्धिमत्ता प्राप्ति की है, अपने आन्तरिक दर्पण में परमात्मा के दर्शन द्वारा संशय

समाप्त किया है, अपने सभी कर्म परमात्मा को समर्पित कर दिये हैं। इसप्रकार के परमात्मा प्राप्त पुरुष को कोई कर्म प्रभावित नहीं करते हैं कि यह मैंने क्या किया है? **इसलिये हे भरतवंशी अर्जुन!** तुम तत्त्वज्ञान को समझकर योग द्वारा अपने आत्मतत्व से जुड़कर वास्तविक बुद्धिमान बनकर अपने हृदय में व्याप्त मोह संशय को दूर करके युद्ध के लिये खड़े हो जाओ। **श्लोक ३३-४२ तक**

चौथा अध्याय "ज्ञानकर्मसंन्यासयोग" समाप्त

पाँचवां अध्याय "कर्मसंन्यासयोग"

किन-किन कर्मों का त्याग करना चाहिये

इसके बाद भगवान् श्रीकृष्ण से अर्जुन ने पूँछा, हे कृष्ण! आपने कर्मों के करने में संन्यासी होना और निष्कामकर्मयोग के अनुसार कर्म करना समझाया है। दौनों प्रकार के कर्मयोग की प्रशंसा की है, इनमें मेरे लिये जो कल्याण कारी हो उसे बताइये। इसके पश्चात **श्रीकृष्ण भगवान् ने समझाया, हे अर्जुन!** वास्तविक संन्यासी प्रवृत्ति का संन्यासीपुरुष अपने मन, इन्द्रियों और शरीर द्वारा धर्मशास्त्रों के नियमानुसार संसारिक कर्मों के करने में यह नहीं सोचता है कि मैं इन कार्यों को कर रहा हूँ। और निष्कामकर्मयोगी पुरुष किसी कर्म को धर्मशास्त्रों के नियमानुसार अपने लाभ-हानि के फल की चिन्ता किये बिना करता है। वह सफलता अथवा असफलता मिलने पर एकसमान रहता है। ये दौनों ही प्रकार के कर्म करने के सिद्धान्त **कल्याण** करने वाले हैं परन्तु कर्म करने में निष्कामकर्मयोग का सिद्धान्त सुविधाजनक होने के कारण ज्यादा श्रेष्ठ है। **इसलिये हे अर्जुन!** जो पुरुष न किसी में अरुचि रखता है और न किसी के प्रति भलाई करने के बाद

उससे सहयोग की आशा करता है वही निष्कामकर्मयोगी **संन्यासी समान** होता है। क्योंकि किसी के प्रति प्रेम, प्रीत, लगाव, मित्रता, अरुचि, घृणा, 5 नफरत, शत्रुता आदि दोषों से मुक्त हुआ पुरुष संसार में सुखपूर्वक जीवन व्यतीत करता हुआ संसार के कर्मबन्धन और सम्बन्धों के बन्धन से मुक्त हो जाता है। **हे अर्जुन!** नासमझ पुरुष उपर्यक्त दौनों प्रकार के कर्मो को न समझने के कारण अलग-अलग फल देने वाला समझते हैं अर्थात् पूरी तरह से कल्याण करने वाले कर्म को नहीं समझते हैं। लेकिन दौनों संन्यास कर्मयोग और निष्काम कर्मयोग में से केवल एक प्रकार को पूरी तरह से अपने आपको उसमें ढालकर कर्म करने से दौनों कर्मफलों का फल परमात्माप्राप्ति शान्तिलाभ मिलता है। तत्त्वज्ञानियों और निष्काम कर्मयोगियों को अपने द्वारा किये कर्मो से स्वयं को परमात्मारुपी परमशान्ति का वातावरण मिलता है। मनुष्य के जीवन में जो आनन्दमयी वातावरण होना चाहिये वो तत्त्वज्ञान जानने वाले योगियों व निष्काम कर्मयोगियों को प्राप्त होता है। **परन्तु हे अर्जुन! साधारण मनुष्यों में कर्मकरने पर कर्तापन के विचार न आना, बहुत ही कठिन है** परन्तु सत्य तत्त्व आत्मा को जानकर मनुष्य संन्यास कर्मयोगी बनकर

परमात्मा का अनुभव शीघ्र करने लगता है। **श्लोक १-
६ तक 5**

अपने मन को वश में करने वाला पुरुष अपनी इन्द्रियों को इधर-उधर भटकने नहीं देता है, जिससे उसका अन्तःकरण निर्मल हो जाता है और सभी प्राणियों को एकसमान अपने जैसी आत्मा रुप में ही देखता है। ऐसा कर्मयोगी संसारिक कर्म करते हुयेभी उसमें लिप्त नहीं होता है। **हे अर्जुन!** आत्मतत्त्व को जानने वाला परमात्मयोग में अभ्यस्थ पुरुष आँखों से देखता हुआ, कानों से सुनता हुआ, शरीर से स्पर्श करता हुआ, नाक से सूँघता हुआ, भोजन करता हुआ, पैरों से चलता हुआ, सोता हुआ, नाक से श्वास लेता हुआ, गले से बोलता हुआ, कुछ देते हुये या कुछ ग्रहण करते हुये, आँखे खोलता या बन्द करता हुआ (अर्थात उसकी सभी इन्द्रियाँ कुछ न कुछ करते व अनुभव करते हुये) भी **वह पुरुष नहीं सोचता कि वह कुछ कर रहा है। परन्तु हे अर्जुन!** जो पुरुष आसक्त रहित होकर अपने द्वारा किये गये सभी कर्म परमात्मा को अर्पित कर देता है, उस त्यागी पुरुष को बाहर का दूषित वातावरण प्रभावित नहीं कर पाता है। जैसे कीचड़ युक्त जल में कमल तो निर्मल रहता ही है, उसके पत्ते भी उस पानी की गन्धगी अपने ऊपर नहीं

चिपकाते हैं। निष्कामकर्मयोगी पुरुष अपने हृदय को निर्मल करनेके लिये ममता, मोह व आसक्ति को त्यागकर अपने मन, बुद्धि, कर्मइन्द्रियों व शरीर से संसारिक कर्म करते हैं और किये गये कर्मोंके फल को भी परमेश्वर में अर्पित करके भगवान् रूपी शान्ति पाते हैं। फलकी इच्छा रखने वाला सकामीपुरुष किसी कर्म के करने पर उसके फल में आसक्त होकर उस कर्म से बंध जाता है। **इसलिये मनुष्य के हित में निष्काम कर्मयोग अच्छा होता है।** श्लोक ७-१२ तक **5**

भगवान् श्रीकृष्ण समझाते हुये कहते हैं, हे अर्जुन! सांख्ययोग आचरण अनुसार मनुष्य इन्द्रियों के विषयों के अनुभवों को करने वाला अपना अंत:करण (मन, बुद्धि, चित्त, अहंकार) अपने वश में करके, शरीररूपी घर के नौ द्वारों (दो आँख, दो कान, दो द्वार नाककके, एक मुँह, एक अपान, एक जननेन्द्रिय जिसमें (छः द्वार ज्ञान इन्द्रियों के और तीन द्वार कर्म इन्द्रियों के होते हैं।) से अपने-अपने अनुसार कर्म करने व करवाने को मन से त्याग देता है अर्थात् उनके कार्य करने व अनुभवों में ध्यान नहीं रखता है। **ऐसा पुरुष सच्चिदानन्दघन परमात्मा के स्वरुप आनन्द में बना रहता है और प्रत्येक क्षण शान्ति में ही रहता**

है। मनुष्योंके द्वारा किये गये कर्मोंको, संयोग से कर्म से मिले फलों को व किस मनुष्य को क्या करना है? **वास्तव में भगवान् व्यवस्थित नहीं करते हैं।** प्रकृति ने मनुष्य के अन्दर बुद्धिसे सोचने, समझने व कर्मइन्द्रियों से कर्म करने के गुण बनाये हैं उन्हीं गुणों के अनुसार मनुष्य स्वयं अपने विवेक से कर्म करके अपना जीवन व्यतीत करता रहता है। सर्वव्यापी परमात्मा किसी के भी पाप कर्म व शुभकर्मों को स्वीकार नहीं करते हैं। प्रत्येक मनुष्य के अन्दर ज्ञान का भण्डार होता है। संसार में आकर मनुष्य चारों तरफ के मायाजाल में उलझकर उस वास्तविक ज्ञानश्रोत से नहीं जुड़पाता है जिस कारण से मनुष्यों का जीव तत्त्व मोह के वशीभूत हो जाता है। **आत्मज्ञान पाकर ही मनुष्य अपने आप से ही वास्तविक समझपाकर अपने अन्तःकरण को सूर्य समान प्रकाशित कर लेता है** अर्थात् परमात्मा के तेजमयी स्वरुप का आनन्द लेता है। **हे अर्जुन!** जो मनुष्य अपनी बुद्धि और मन द्वारा अपने आपको प्रत्येक क्षण परमात्मा मेंही स्थित रखकर संसार के कार्यो को करता है वह पापरहित होकर जीवन की सबसे सुखदायक स्थित को प्राप्त कर पाता है। इसप्रकार के **ज्ञानवानपुरुष!** शान्त और बुद्धिमान ब्राम्हण में, गौ में, हाथी में और कुत्ते व चाण्डाल में

सभी को आत्मरुप में देखते हैं। समभाव में रहने वाला पुरुष इस संसार में जीते हुये भी संसार से मुक्त हो जाता है। (मृतक होने के बाद तो सभी संसार के अच्छे-बुरे वातावरण से मुक्तिपा लेते हैं।) **सच्चिदानन्दघन परमात्मा गुण में समभाव रखने वाले व निर्दोष होते हैं इसलिये उसमें स्थित रहने वाला पुरुष गुणों में उन्हीं के अनुरुप होने लगता है।** संसार में जिसको पुरुष प्रिय समझते हैं, उसे पाकर स्थिर बुद्धि वाला पुरुष न ही प्रसन्न होता है और जिसको अप्रिय समझते हैं, उसको पाकर स्थिर बुद्धि पुरुष न ही अप्रसन्न होता है। इसप्रकार का ब्रह्मज्ञानी पुरुष परमात्मा में संशय न करके प्रत्येक समय ईश्वरके आनन्द में रहता है। संसार के भोगों में आनन्द न लेने की इच्छा होने से केवल परमात्मा अनुभव से अपने हृदय यानि अन्तःकरण को आसक्ति रहित बनाकर जो परमात्मा के ध्यान का सुख है, उस आनन्द को पाता है अर्थात् परमानन्द का अनुभव करता है। कर्मइन्द्रियों से कर्म करके ज्ञानइन्द्रियों के विषयों (स्वाद, रुप, गन्ध, स्पर्श, ध्वनि) के सुख विलासी पुरुषों को अच्छे लगते हैं निसंदेह वे दुःख देने वाले ही होते हैं। इस प्रकार के विलासिता वाले सुख प्रारम्भ से अन्त तक दुःख ही देते हैं। **हे अर्जुन!** बुद्धिमान और अच्छा-बुरा समझने वाला विवेकशील

पुरुष विलासिता से सुख मिलने वाले कर्मों में लिप्त नहीं होता है। जिस मनुष्य ने अपने जीवनकाल में काम और क्रोध के वेग को रोकने में सफलता प्राप्त कर ली है, वह मनुष्य इस लोकमें योगी समान हैं और वही सुखी हैं। **सांख्ययोगी पुरुष** (अपने शारीरिक तत्वों को जानने वाला) निश्चित होकर अपनी आत्मासे ही मित्रता करके सुख-चैन पाता है अपनी आत्मारुपी बिस्तर पर अपनीआत्मा को आराम देता है और अपनी आत्मारुपी गुरु से ही शिक्षा लेकर ज्ञानी व बुद्धिमान बनता है। ऐसा पुरुष ब्रह्मानन्दरुपी शान्ति प्राप्त करता है। ब्रह्म में लीन ब्रह्मज्ञानी पुरुष के किये गये पिछले पाप नष्ट हो जाते हैं। आत्मज्ञान प्राप्त करके योग करने से परमात्मा के प्रति संशय समाप्त हो जाता है। सभी प्राणियों के हित में कार्य करने की इच्छा होने लगती है, इसकेबाद वह पुरुष परब्रह्मरुपी शान्ति पाने लगता है। शरीरमें उत्पन्न काम और क्रोध को अपने अन्दर ही समाप्त करके ज्ञानीपुरुषों को चारों तरफ शान्त आनन्दमयी परमात्मा ही आन्तरिक द्रष्टि से दिखाई पड़ता है। **भगवान् श्रीकृष्ण अर्जुन को उसके मस्तिष्क में दिव्यद्रष्टि द्वारा परमात्मा के अलौकिक तेज का दर्शन करने की क्रिया समझाते हुये कहते हैं, हे अर्जुन!** जिस मुनि समान पुरुष ने अपने सब कार्यों को सुचारु रुपसे करनेके

बाद अपना ध्येय बना लिया है कि वह अपनी ज्ञानइन्द्रियों के वश में मन को करके बुद्धि द्वारा पूरीतरह से सोचविचार कर मन को अपने आत्मतत्व से जोड़कर सत्यज्ञान पाकर अपने अन्तःकरणको निर्मल बनायेगा और निरंतर परमेंश्वर का चिन्तन करेगा। तब ऐसा पुरुष परमात्मा के दर्शन के लिये बेचैन रहने लगता है और रात-दिन उसे पाने की धुन सवार हो जाती है। भगवान् को पाने पर क्या मिलेगा? सब बातों को भली भाँति समझ कर सन्तुष्ट हो जाता है और उसके हृदय में ईश्वर के प्रति संशय भी नहीं रहता है। केवल तेज स्वरुप में दर्शन करना ही बाकी रह जाता है। **(प्रकाश ब्रह्म की धारणा)** जब बाहर के सभी विषयभोगों का चिन्तन मन से मस्तिष्क में न हो। **उस समय दौनों नेत्र बन्द करके पलकों के अन्दर ही अन्दर निगाहों को दौनों आँखों की भौ के बीच भृकुटी में करके और नाक से निकलने वाली श्वांस व शरीर के अन्दर प्राणतत्व को सम करके ध्यान करने से परमात्मारुपी तेज स्वरुप के दर्शन होते हैं।** यह दर्शन कल्पनाओं से नहीं होता है। यदि कल्पना की तो कुछ प्राप्त नहीं होगा। **यह उत्तम ज्ञान किसी तत्वदर्शी ज्ञानीसन्त के सामने बैठकर ही समझ में आता है।** पढने से केवल सिद्धान्त कीही जानकारी होती है। अध्याय चार में तत्व को जानने

वाले निष्कामकर्मयोगी से व्यवहारिक ज्ञान समझने के लिये भगवान् श्रीकृष्ण द्वारा कहा गया है। **हे अर्जुन!** मेरा जो भक्त मेरी भक्ती में ही सब प्रकार के यज्ञ व तप के भोगोंको देखता है तथा मुझे सम्पूर्ण प्राणियों को निस्वार्थ भाव से प्रेम करने के रुप में और सभी लोकों में ईश्वरों का भी ईश्वर मुझे ही जानता है वह ही तत्वज्ञान पाकर शान्ति प्राप्त करता है। ध्यान के समय उसकी द्रष्टि में सच्चिदानन्दघन (शरीर के अन्दर व बाहर सच्चा सुख, शान्ति व आनन्द देने वाली सर्वव्यापक शक्ति) परिपूर्ण शान्त ब्रह्म के अतिरिक्त कुछ भी नहीं दिखाई पड़ता है। चारों तरफ व शरीर के अन्दर (वासुदेव-ही-वासुदेव) अर्थात् परमपिता परमात्मा का ही तेज इन आँखों के बन्द करने पर भी दिखाई पड़ता है। **श्लोक १३-२९ तक**

पाँचवाँ अध्याय "कर्मसंन्यासयोग" समाप्त

छटवाँ अध्याय "आत्मसंयमयोग"

अपने मन व इन्द्रियों को वश में करना

इसके बाद श्रीकृष्ण महाराज बोले, हे अर्जुन! जो पुरुष केवल नीति पूर्ण, शास्त्रों के नियमानुसार उनसे मिले फल की इच्छा किये बिना कर्म करता है वह संन्यासी और योगी समान होता है। कर्मफलों का चिन्तन करता हुआ, हठ पूर्वक अपनी इन्द्रियों को रोक कर, कर्म करने वाला व्यक्ति संन्यासी और योगी की श्रेणी में नहीं आता है तथा मन द्वारा ज्ञानइन्द्रियों के रसों (स्वाद, रुप, गन्ध, स्पर्श, ध्वनि) का अनुभव करता हुआ हठ से ज्ञानइन्द्रियों को भोगों में न लगाने वाला पुरुष भी संन्यासी और योगी की श्रेणी में नहीं आता है। **इसलिये हे अर्जुन!** शरीर, इन्द्रियाँ, मन, बुद्धि के द्वारा आत्मा को ध्यान में रखकर किया गया कार्य, परमात्मा द्वारा दिये गये मार्गदर्शन समान होता है। **परमात्मा द्वारा दिया गया ऐसा कर्मकरना, संन्यासी के कर्म समान होता है इसप्रकार से जीवन में मनुष्य द्वारा कर्म करना ही योग है।** किसी कार्य को करने के लिये प्रतिज्ञा करने से मनुष्य उसे करने के लिये बाध्य हो जाता है तब उसे पूरा

करने के लिये उसे बहुत से सत्यमार्ग पर चलने के नियमों को ताक में रखना पड़ता है। जिससे उसका संन्यासी और योगी होकर जीवन यापन करना कठिन हो जाता है। **इसलिये श्रीकृष्ण महाराज अर्जुन से कहते हैं** कि संकल्पों को न त्यागने वाला कोई भी पुरुष योगी नहीं होता है। बुद्धि से सभी प्राणियों में समरूपता न देखने की इच्छा वाले विचारशील पुरुषों के लिये ही निष्कामभाव से कर्म करने के लिये कहा गया है, जिससे वे आत्मज्ञान पाकर योगी व संन्यासी बन सके। योग द्वारा आत्मा से जुड़कर योगी पुरुष के कल्याण का कारण उसके पास संकल्पों का न होना होता है। जिस समय से मनुष्य ज्ञानइन्द्रियों के भोगों में व कर्मइन्द्रियों द्वारा किये गये कर्मों में आसक्त होना त्याग देता है उसी समयसे संकल्पों का त्यागी पुरुष योगमार्ग में उन्नत करने लगता है। **श्लोक १-४ तक 6**

परमात्मादर्शन रुपी शान्ति पाने के लिये मनुष्यों के कल्याण के कारण मनुष्यों को योग में अभ्यस्थ होने की बात कही गई है। मनुष्य को चाहिये कि वह बिना किसी के सहयोग के संसार-समुद्र रुपी कष्टों से अपने आपको प्रभावित न करे और अपनी आत्मा को दुःखी करके उसकी शक्ति कम न करे। **यह आत्मा ही अपने आपका सबसे बड़ा मित्र व सबसे बड़ी शत्रु**

होती है। जिस मनुष्य के शरीर, इन्द्रियों और मन ने अपनी जीवआत्मा को समझकर योग द्वारा उससे जुडकर जीवन यापन व संसार में कर्तव्य निभाने की समझ ली है और उसके अनुसार चला है तो वह व्यक्ति संसार में बहुत कुछ अच्छा ही कर पाया है। उसके द्वारा संसारी जनों को बहुत लाभ मिला है। अपनी जीव आत्मा के अतिरिक्त कोई दूसरा सही मार्गदर्शन नहीं दे सकता है, वह प्रतिक्षण आपके पास ही रहती है। जिसने अपनी जीव आत्मा से शिक्षा लेकर जीवन में उन्नत की है उसके लिये उसकी जीव आत्मा सच्चे मित्र की तरह है अन्यथा वही जीव आत्मा उसके लिये शत्रु बन जाती है। जीव आत्मा के महत्व को न जानने वाला व्यक्ति अपना जीवन निरर्थक बना लेता है क्योंकि वह नहीं समझ पाता है कि उसके शरीर में उसका सच्चा मित्र जीवआत्मा के रुप में विध्धमान है। **हे अर्जुन!** सबप्रकार से अपने ऊपर आधीन पुरुष गर्मी-सर्दी, मान-अपमान और सुख-दुःख आदि स्थितियों में अपने अन्तःकरण में शान्ति ही अनुभव करता है, उसमें किसी प्रकार का विकार नहीं आता है। ऐसे पुरुष के ज्ञान में परमात्मा के अतिरिक्त कुछ नहीं होता, वह उन्हें ही सर्वोपरि समझता है। जिस पुरुषने संसार के ज्ञानों को जानकर उसकी अच्छाई व कठनाई समझकर अन्दर से अपने अन्तःकरण को

तृप्त करके विकार रहित बना लिया है और अपने मन को अच्छी प्रकारसे अपनी इन्द्रियोंके वश में कर लिया है तथा उसे मिट्टी, पत्थर व सोने के पदार्थ एक समान लगने के कारण वह उनके प्रति आकर्षित नहीं होता है, तब वह व्यक्ति परमात्मा की प्राप्ति वाला योगी कहा जाता है। अति श्रेष्ठपुरुष निस्वार्थ भाव से सभीका कार्य करता है, अपनों व दूसरों में पक्षपात नहीं करता, दौनों ओर की भलाई चाहता है तथा द्वेष रखने वाले, मित्रों व वैरी बन्धुगणों, धर्मात्माओं व पापियों सभी के प्रति एक समान भाव रखता है। जिन पुरुषों ने शरीर, मन, इन्द्रियों को नियन्त्रित कर लिया है, वासना रहित होकर भोगपदार्थो को इकट्ठा करने की इच्छा समाप्त हो गई है **ऐसे योगीपुरुष को चाहिये कि वह एकान्त में बैठकर अपनी आत्मा को परमात्मा के ध्यान में लगावे।** श्लोक ५-१० तक **6**

परमात्मा में ध्यान के लिये पूजा का स्थान साफ व शुद्ध करके कुश का आसन उचित ऊँचाई पर बिछाकर (मृगछाला समान साफ वस्त्र) पहनकर बैठ जायें। इसके बाद अपनी इन्द्रियों की क्रियाओं को स्थिर करके मन को संसार के विचारों से रोककर अन्तःकरण की शुद्धि के लिये **इस विधि से योग का अभ्यास करें।** साधारण तरीके से या पद्मासन

लगाकर बिछे आसन पर बैठकर ब्रह्मचर्यके व्रत में स्थिर और भयरहित होकर तथा अन्तःकरण शान्त करके, सावधान होकर अपने मन को संसारिक विचारों से हटाते हुये, अपने शरीर को पीठ से सीधा करके गरदन और सिर को बिना हिलाये सन्तुलित रखकर आँखों से चारों दिशाओं को न देखते हुये अपनी नाक के अगले भाग को मन की आँखों से देखें। हृदय से परमात्मा के इस गुण की अनुभूति करनेके लिये तथा उनसे जुड़ने के लिये इस योग को करें। (यह क्रिया भी किसी तत्वज्ञानी सन्त द्वारा समझाने से समझ में आती है। **अमृतब्रह्म** की योग द्वारा इस क्रिया का अभ्यास करने से परमात्मा के अमृत्व गुण का अनुभव होता है।) इस योग द्वारा अपने आप अपनी आत्मा से शान्ति पाने वाला योगी पुरुष लगातार परमात्मारुपी स्थाई परमशान्ति को प्राप्त करता है। **हे अर्जुन!** आन्तरिक दुःखों को नास करने वाला यह योग संयमित आहार (न कमभोजन न ज्यादाभोजन) करने वाले को, स्वस्थ रहने अनुसार सोने वाले (न कमसोना न ज्यादासोना) को तथा आवश्यकतानुसार संसारिक कर्म करने वालों को ही सिद्ध होता है। **6**

इस योग का अभ्यास करने से योगीपुरुष का मन आत्मा के वश में होकर जिस समय से परमात्मा में स्थिर हो जाता है उस समय से उसकी इच्छायें संसारिक भोग वस्तुओं में रुचि नहीं लेती हैं और वह पुरुष योगी जैसा हो जाता है। जिस प्रकार वायु रहित स्थान में दीपक की लौ चलायमान न होकर दीपक में ही स्थित होकर बुझ जाती है उसीप्रकार परमात्मा के ध्यान में लगे हुये योगी का मन संसार के वातावरण में चलायमान न होकर उसके अन्दर जीवआत्मा में स्थित हो जाता है। **हे अर्जुन!** इस योग का अभ्यास करने पर जिस समय बाहर के विषयों का सुख लेने की इच्छा अन्दर से समाप्त हो जाती है उस अवस्था में मनुष्य अपनी सूक्ष्म बुद्धि द्वारा परमात्मा की अनुभूति करते हुये सर्वव्यापकशक्ति परमात्मा का आनन्द लेकर शान्ति पाता है और इन्द्रियों से अलग माया-मोह से रहित होकर शुद्ध हुई सूक्ष्म बुद्धि द्वारा ग्रहण करने योग्य आनन्द को जिस अवस्था में अनुभव करता है उस अवस्था में स्थित हुआ योगी भगवान् के आनन्दरुपी स्वरुप से विचलित नहीं होता है और परमेंश्वर द्वारा प्राप्त आनन्द लाभ के अतिरिक्त कोई दूसरा आनन्द लाभ रुचिकर नहीं लगता है तथा भगवान् का अनुभव प्राप्त होने की स्थित पर वह योगी किसी भी संसारिक दुःख से भी विचलित नहीं होता है।

संसार में दुःखरहित अर्थात् असंतोषरहित कर्म जिसे योग कहते हैं जानना चाहिये, वह योग किसी के उकसाने से नहीं स्वयं हृदय से भली भाँति समझकर कि उसे करना ही मनुष्यका परम कर्तव्य है। इसलिये मनुष्य को अपनी आत्मा के वश में मन को करके कि मन व्यर्थ के भोगों में न लगे और न ही व्यर्थ के सम्बन्धों में आसक्त हो और ज्ञान अभ्यास बुद्धि को परमात्मा में धैर्यतापूर्वक स्थिर करके, बताये गये क्रमानुसार करें तथा मन में यह बात बैठाकर चिन्तन करें कि मनुष्य का हित करने वाला परमात्मा के अतिरिक्त कोई दूसरा नहीं है। जिसका मन इन्द्रियों के रसों को पाने के लिये न रुक रहा हो, वह गहराई से विचार करे कि स्थिर न रहने वाला चंचल मन ज्ञानइन्द्रियों के द्वारा किन-किन संसारिक विषयों का चिन्तन करता है और आत्मा द्वारा बार-बार परमात्मा का चिन्तन करके चन्चल मन को विषयों के चिन्तन से रोकें। इसप्रकार जिसका मन योग के अभ्यास से चलायमान न होकर स्थिर और पापरहित हो जाता है तथा जीवन में सादगी आ जाती है। तब ब्रह्म के साथ जुड़े हुये योगी को सर्वव्यापक शक्तिरुपी परमात्मा के अपार आनन्द की अनुभूति होती है। इसप्रकार वह पापरहित हुआ योगीपुरुष अपनी आत्मा को परमात्मा से जोड़ने के लिये ज्यादा से ज्यादा समय देकर सुखी

भाव से परब्रह्म परमात्मारुपी असीमित आनन्द की प्राप्ति करता है। **हे अर्जुन!** योग के द्वारा सभी जीवों में एकसमान जीवआत्मा देखने का अनुभवी तथा सभी प्राणियों को एक समान देखने में अभ्यस्थ योगीपुरुष आत्मा को सभी उत्पत्तियों (जड-चेतन) के अन्दर बर्फ में समाये हुये जल के समान देखता है और सभी उत्पत्तियों (जड़-चेतन) को आत्मा में रमा हुआ देखता है। जैसे नींद के समय स्वप्न देखकर जागने पर स्वप्न के वातावरण के विचारों को अपने अन्दर समाहित देखता है उसीप्रकार वह पुरुष सभी उत्पत्तियों को अपने अन्दर अनन्त आत्मा जो सभी में व्याप्त होती है, में देखता है। जो योगीपुरुष सभी उत्पत्तियों में सर्वशक्तिमान शक्ति के देवता मुझको ही शक्तिरुप में देखता है तथा मुझ शक्तिरुपको सभी उत्पत्तियोंमें देखता है। उसकी निगाह के सामने **मैं** सदैव रहता हूँ और मेरी निगाह में वह पुरुष सदैव रहता है **क्योंकि मेरी शक्ति और उसकी शक्ति योग के द्वारा एकदूसरे में विलय हो चुकी होती है।** जो पुरुष योग का अभ्यास करते-करते मेरा ही दर्शन आत्मरुप में सभी उत्पत्तियों में करता है, वह योगीपुरुष संसार के सभी कार्यो को करता हुआ मेरे ही संग का आनन्द लेता रहता है, क्योंकि उसके **अनुभवों में प्रत्येक समय मैं ही रहता हूँ।** हे अर्जुन! परमश्रेष्ठ योगी

सभी गुणों वाले उत्पन्न प्राणियों को एक समान देखता है। जिस प्रकार मनुष्य अपने शरीर के सभी अंगों सिर, सीना, हाथ, पैर, पेट, गुदा, जननेन्द्रिय तथा पैरों को एक समान देखता है जबकि सभी अंगों के कार्य अलग-अलग प्रकार के अच्छे, साफ,गन्धे व निम्न स्तर के भी होते हैं। अंगों के कार्य क्रमशः बुद्धि ग्रहण करना, रक्षा करना, भोजन पचाना, मल त्यागना, शरीर को एक स्थानसे दूसरे स्थान तक ले जाना होता है। शरीर के अंगों **सिर जिसमें पाँच ज्ञान इन्द्रियाँ होती हैं, सीना दौनों भुजाओं के साथ, पेट से नितम्ब तक, व नितम्ब से नीचे पैर तक** क्रमशः **ब्राह्मण, क्षत्रिय, वैश्य व शूद्र कहा गया है। इसके कारण हैं** सिर के अंगों में ज्ञान अर्जित होता है व ज्ञान प्रसारित किया जाता है, सीना भुजाओं के साथ शरीर की रक्षा करता है, पेट भोजन पचाकर शरीरको पोषक तत्व देकर शक्ति देता है तथा जाँघ व पैर पूरे शरीर का बजन ढोते हैं। शरीर के अन्दर विध्धमान आत्म तत्त्व को अपने शरीर के सभी अंग प्रिय होते हैं। **श्लोक ११-३२ तक   6**

(मधुसूदन नाम के राक्षस को भगवान् विष्णु ने मारा था। भगवान् श्रीकृष्ण उनके अवतार हैं इसलिये श्रीकृष्ण महाराज को मधुसूदन कहा गया है।)

इसप्रकार भगवान् की बातों को सुनकर अर्जुन बोले, हे मधुसूदन! आपने समत्वभाव में रहकर ध्यानयोग करने के लिये कहा है, परन्तु मन की **6** चंचलताके कारण मैं बहुत समय तक समभाव में रहने की स्थित में नहीं पहुँच पाऊँगा। क्योंकि यह मन पानी की तरह बहुत ही पतला किसी अंग से न पकड़ने वाला, बलवान इन्द्रियों के ऊपर दबाव डालने वाला तथा शरीर को कष्ट देने वाला होता है, इसलिये मैं इसे वायु के समान अपने वश में करना कठिन समझता हूँ। इस बातको **श्रीकृष्ण महाराज ने समझाया, हे महाबाहु!** (बड़ीभुजा वाले) इसमें कोई संदेह नहीं है कि चंचल मन बड़ी कठिनता से वश में होने वाला है, **परन्तु हे कुन्तीपुत्र अर्जुन!** संसार के विषयभोगों से रुचि हटाकर वारन्वार प्रयास करने से **मन** आत्मा के वश में हो जाता है, इसलिये इसे आवश्य वश में करना चाहिये। भगवान् श्रीकृष्ण अपने मतानुसार कहते हैं कि मन को वश में किये बिना पुरुष ध्यान योग का लाभ प्राप्त नहीं कर सकता है, परन्तु अपने आप अपनी इच्छा से प्रयत्नशील व्यक्ति मन को वश में करके इस योग अभ्यास को सरलता से कर सकता है। **श्लोक ३३-३६ तक 6**

इस विचार को सुनकर अर्जुन ने दो प्रश्न पूँछे, हे कृष्ण! परमात्मा प्राप्ति के लिये श्रद्धा रखने वाला योगीपुरुष का यदि योग अभ्यास में मन नहीं लगने से उसकी योगअभ्यास करने की गति धीमीहो गई है, तो उसे परमात्मा प्राप्त न होकर क्या प्राप्त होगा? तथा क्या परमात्मा प्राप्ति में उत्सुक हुआ योगीपुरुष बिना किसी प्राप्ति के फटे हुये बादल के दौनों भागों, जैसे एक तरफ परमात्मा प्राप्ति व दूसरी तरफ संसारिक भोगों के सुख में धार्मिक संस्कारों से हटकर नष्ट तो नहीं हो जाता है? अर्थात् क्या उसे परमात्मारुपी शान्ति या संसारिक भोगों का सुख कुछ भी नहीं मिलता है? **हे कृष्ण!** मेरे इस संशय को भली भाँति उपाय बताकर दूर करनेके लिये आप ही योग्यता रखते हैं, क्योंकि आपके अतरिक्त इस संशय का उपायके साथ समझाने वाला कोई दूसरा मिलना सम्भव नहीं है।

श्लोक३७-३९तक 6

इसप्रकार अर्जुन के पूछने पर श्रीकृष्ण महाराज बोले, हे पार्थ! भगवान् से सम्बन्धित कर्म करने वाले पुरुष का कभी अहित नहीं होता है और न ही उसकी बुरी स्थिति होती है। योग का जानकार पुरुष भली भाँति योग आचरण में न रहने पर बहुत समय तक स्वर्ग जैसे स्थानों में निवास करता है इसके बाद अच्छे

आचरण वाले सज्जन महानभावों के घर में जन्म लेता है अथवा वैराग्यवान् पुरुष स्वर्ग समान स्थानों में न जाकर धार्मिकज्ञानी योगियों के परिवार में जन्म लेता है परन्तु ऐसे उत्तम कुल में जन्म संसार के किसी सत्यकर्मी पुरुष को ही मिलता है वह पुरुष शीघ्रही अभ्यस्थ हो जाता है और **हे कुरुनन्दन!** (कुरुश्रेत्र राज्य के वंशज पाण्डु के पुत्र) वह इस प्रभाव से बाहर के दूषित वातावरण से प्रभावित न होकर परमात्मा की प्राप्ति में लग जाता है। पिछले जन्म के **योगभ्रष्ट** (परमात्मा प्राप्ति की इच्छा होने पर भी साधना करने में रुचि न लेने से आत्मा के वश में मन को न कर पाना) **पुरुष** अच्छे ज्ञानी परिवार में जन्म लेने से शीघ्र ही साधना करने में सफल होने लगता है और उसमें संसार के प्रति सभी में समत्वभाव के गुण आने लगते हैं। तब वेद के अनुसार कहे गये जो सकाम कर्म (मन में भोगसुख की इच्छा लेकर किया गया काम) के फल मनुष्य के लिये अहितकर होते हैं परन्तु **योगभ्रष्ट पुरुष** दूसरे जन्म में योग अभ्यास में उन्नत करके परमगति को प्राप्त कर लेता है और इस प्रकार कई जन्मों तक अच्छे कुल में जन्म लेते-लेते अपने अन्तःकरण को पूरी तरह से शुद्ध करके परमात्मा का दर्शन करके परमशान्ति पा जाता है। क्योंकि शास्त्रों के अध्ययन करने वालों, एकान्त में तपस्या करने वालों

तथा **सकाम** (संसारिक सेवा वाले कर्मों में स्वर्ग की चाहत वाले कार्य) **कर्म** करने वालों से परमात्मा के लिये योग करने वाला योगीपुरुष श्रेष्ठ होता है। **इसलिये हे अर्जुन! तुम योगी बनो। हे प्रिय अर्जुन!** समस्थ योगियों में जो योगी मुझे ही सबसे प्रिय समझकर मेरे में अति श्रद्धा रखकर अपनी आत्मा से मेरा सुमिरन करता है वह योगीपुरुष मुझे सभी से ज्यादा प्रिय होता है। **श्लोक ४०-४७ तक**

छटवाँ अध्याय "आत्मसंयमयोग" समाप्त

सातवाँ अध्याय "ज्ञान विज्ञान योग"

मानवीय तत्त्वों और संसारिक वस्तुओं का ज्ञान

श्रीकृष्ण भगवान् ने अर्जुन से कहा, हे पार्थ (राजा) मैं अलौकिक और दिव्य शक्तियों से युक्त हूँ। मेरी महिमा, मान, मर्यादा अपार है, **मैं** संसार के प्रत्येक तत्त्व में समाहित हूँ और सब जीवों में आत्मरुप से हूँ। तुम मुझे पूरी तरह से जान सको कि **मैं** क्या हूँ? और केवल मुझसे ही भक्ति भाव से प्रेम कर सको, मुझपर विश्वास कर सको, इसके लिये **मैं** तुमको ध्यान विधि बताऊँगा। **उसको सुनों! मैं** तत्व ज्ञान के रहस्य को पूरी तरह समझाऊँगा, **इस तत्त्व रहस्य को जानने के बाद फिर संसार में जानने के लिये कुछ शेष नहीं रह जाता है।** हजारों मनुष्यों में कोई ही मनुष्य मुझे प्राप्त करने के लिये प्रयास करता है और प्रयास करने वाले योगियों में से कोई ही योगी मेरे में अपना विश्वास जमाकर मेरे वास्तविक रुप व रहस्य को समझ पाता है। **हे अर्जुन!** पृथ्वी, वायु, जल, अग्नि और आकाश तथा मन, बुद्धि और अहंकार यह आठ प्रकार से विभाजित हुये मेरे अपरा (जड़) प्राकृतिक तत्व हैं और जीवआत्मा मेरा परा(चेतन) प्राकृतिक

तत्व है जिनको यह सम्पूर्ण संसार धारण किये रहता **7** है। **हे अर्जुन!** तुम इस प्रकार समझो कि सम्पूर्ण संसार में सभी कुछ इन दोनों अपरा तत्व (जड़) और परा तत्व (चेतन) प्रकृतियों से उत्पन्न हुये हैं। मेरे कारण ही सब कुछ उत्पन्न होकर जीवित रहता है और मेरे कारण ही सब कुछ नष्ट होता है। **इसलिये हे धनञ्जय! (धनुष विद्या में निपुण)** इस संसार में मेरे अतिरिक्त थोड़ी सी भी कोई वस्तु नहीं है। जिसप्रकार मोतियों की माला का प्रत्येक मोती एक तागा के द्वारा सधा रहता है उसी प्रकार सम्पूर्ण जगत् को **मैं** तागारुप से एक साथ पिरोय रखता हूँ। **श्लोक १-७ तक   7**

हे अर्जुन! जल में रस (प्यास की तृप्ति), चन्द्रमा और सूर्य में प्रकाश की चमक, चारों वेदों में ब्रह्माण्ड का सम्पूर्ण ज्ञान तथा पुरुषों में पुरुषत्व व्याप्त शक्ति, आकाश में शब्द, पृथ्वी में गन्ध, अग्नि में गरमाहट, तपस्या करने वालों का **तप रुप आनन्द** अनुभव मेरे कारण होता है और सभी प्राणी मेरे कारण जीवित रहते हैं। **हे अर्जुन!** समस्त प्राणी अनन्त समय से मेरे कारण ही इस पृथ्वी पर आये होते हैं। मैं बुद्धिमानों के मस्तिष्क में बुद्धि और तेजवान व्यक्तियों का तेज मेरे कारण ही होता है। **हे भरत श्रेष्ठ अर्जुन!** बलवानों का

आसक्त और कामनाओं रहित बल मेरे कारण होता है। **मैं** समस्थ प्राणियों में धर्म के अनुकूल काम और सत्त्वगुण, रजोगुण व तमोगुण से उत्पन्न चहरे पर प्रदर्शित भाव मेरे कारण ही होते हैं परन्तु वास्तव में वे सभी प्रकार के भावगुण **मुझमें** और **मैं** उन सभी भावगुणों में नहीं होता हूँ। **श्लोक ८-१२तक 7**

(सात्त्विक गुण साधारण रहन-सहन व शुद्ध साफ सादा भोजन से, राजस गुण राजसी ठाट-वाट व मँहगा खान-पान से और तामस गुण दूसरों की उपयोग से बची तथा बासे भोजन व दूषित सामिग्री द्वारा जीवन व्यतीत करना होता है।) **हे अर्जुन!** संसार में मनुष्य सात्त्विक, राजस अथवा तामसी गुणों के विचारों मेंही रहता है। वह प्रेम-घृणा के विकारों तथा ज्ञान इन्द्रियों के विषयों के सुखों में लिप्त होने के कारण इन तीनों गुणों से अलग मुझ अविनाशी सत्य तत्त्व को नहीं जानता है। क्योंकि इस मनुष्य लोक में मुझे व मेरे सभी गुणों को पूरी तरह से समझ पाना व उनके अनुसार चल पाना बड़ा ही कठिन होता है, परन्तु जो पुरुष प्रत्येक क्षण मेरे को ही अपने ध्यान में रखकर जीवन व्यतीत करते हैं वे सात्त्विक, राजस, तामस के विचारों व प्रेम-घृणा के विकारों से बचा रहता है और ज्ञान इन्द्रियों के विषयों के सुख भी उसे भ्रमित नहीं

कर पाते हैं। जिससे वह संसारमें अपना जीवन शान्ति के साथ व्यतीत कर लेते हैं। ऐसा सुविधाजनक उपाय होने पर भी ज्ञानी पुरुष भी संसारिक माया जाल में उलझकर मेरा भजन नहीं कर पाते हैं तथा असुरों समान उग्रता, क्रूरता निर्दयता करने वाले मनुष्य व दूषित कर्म करने वाले नासमझ व्यक्ति नासमझी के कारण मेरा भजन नहीं करते हैं। **हे भरतवंशियों में श्रेष्ठ अर्जुन!** उत्तम कर्म करने वाले भक्तजन मुझे चार प्रकार से भजते हैं। संसारिक पदार्थो (धन, मकान, नौकरी, विवाह, पुत्र आदि) की प्राप्ति हेतु मुझे याद करते हैं, अपने कष्टों (शारीरिक, परिवारिक, कानूनी आदि) को दूर कराने हेतु मुझसे प्रार्थना करते हैं। कुछ मेरे सज्जन भक्त मुझे जानने हेतु मेरी आराधना करते हैं। मेरा ज्ञान प्राप्त करने के बाद निष्काम भाव से कर्म करते हुये ज्ञानी पुरुष प्रतिदिन निस्वार्थ भाव से मेरा ध्यान करते हैं। इस प्रकार मुझे तत्व से जानने वाला तत्त्वज्ञानी पुरुष अति उत्तम होता है, क्योंकि तत्त्व से जानने वाले को **मैं** बहुत ही प्रिय लगने लगता हूँ और मेरे लिये वह प्रिय हो जाता है। (भगवान् को तत्त्व से न जानने वाला सज्जन पुरुष भी मुझको मनुष्य शरीर की शक्ल-सूरतके रुपमें समझता है और अपनी ज्ञान इन्द्रियों आँख, कान, नाक, जीभ व त्वचा से स्पर्श द्वारा मेरा आनन्द लेता है। जबकि इन ज्ञानइन्द्रियों

द्वारा मेरा दर्शन नहीं हो सकता है केवल मनुष्य अपनी आत्मा द्वारा मेरा अनुभव करके शान्ति पा सकता है। यह ज्ञान इन्द्रियाँ संसार के पदार्थों के अनुभव के लिये होती हैं।) हालांकि तत्त्व ज्ञान पाने वाले व्यक्तियों के अतिरिक्त तीनों कारणों से मेरी पूजा करने वाले भी भक्तजन उत्तम होते हैं क्योंकि वे भी मेरी श्रद्धा भाव से पूजा करने में समय देते हैं। **भगवान् श्रीकृष्ण कहते हैं!** मुझे तत्त्व से जानने वाला मेरा ही स्वरुप होता है क्योंकि वह ज्ञानी स्थिर बुद्धि होकर मेरा विकल्प बन जाता है। बहुत जन्मों तक मेरा भजन व भक्ति करते-करते अन्त के जन्म में मुझे तत्व से जानकर उसे मुझ पर पूरी तरह विश्वास हो जाता है कि **मैं** ही सब कुछ हूँ अर्थात् मुझ वासुदेव (सर्वव्यापक शक्ति) के अतिरिक्त कुछ भी नहीं है, इसप्रकार वह केवल मेरे ही चिन्तन में रहता है। ऐसा महात्मा बहुत ही कम देखने में आता है। श्लोक **१३-१९ तक 7**

हे अर्जुन! संसार के विषयों (स्वाद, सुन्दरता, सुगन्ध, त्वचा स्पर्श, मधुर आबाज) के सुखों में लिप्त मनुष्य सत्य ज्ञान के मार्ग पर नहीं चल पाता है और उसे नैतिक पूर्ण बातों में भी रुचि नहीं होती हैं। ऐसे पुरुष संसारिक सुख, सुविधा और आनन्द देनेवाले

भोगपदार्थों की इच्छा से संसार में प्रसिद्ध नियमों के अनुसार जिन देवताओं को पूजना चाहिये उस नियम से दूसरे देवताओं को पूजते हैं। ऐसे व्यक्तियों को उन देवताओं से मिलने वाले फल नाश्वान् होते हैं और वे पुरुष उन देवताओं को ही प्राप्त होते हैं। परन्तु मेरे भक्त मुझे जिस भी प्रकार भजें अन्त में वे **मुझे** ही प्राप्त होते हैं। संसारिक सुखों की प्राप्ति के लिये जो-जो भक्त श्रद्धापूर्वक जिन-जिन देवताओं की पूजा करता है, उस-उस भक्त की **मैं** उन-उन देवताओं के प्रति श्रद्धा को स्थिर कर देता हूँ जिससे वह भक्त श्रद्धा भाव से उस देवता की पूजा कर पाता है और मेरे कारण ही वह देवता माध्यम बनकर उस-उस भक्त के मन की आवश्यकताओं को पूरा कर देता है। परन्तु वह पुरुष नासमझी के कारण नहीं समझते कि वह प्राप्त भोग नाश्वान हैं और अपने जीवन में केवल देवताओं का ही सुख ले पा रहें हैं। मेरे भक्त मुझे किसी प्रकार से भजे वे मुझे प्राप्त करते हैं (अर्थात स्थाई शान्ति पाते **हैं।**) **श्लोक २०-२३ तक 7**

ऐसा होने पर भी सब मनुष्य मेरा भजन नहीं करते हैं, इसका कारण यह है कि **मैं** बिना नष्ट होने वाला अजन्मा तत्व हूँ व अपनी योग माया से प्रकट होता हूँ और अपने आपको छिपाकर रखता हूँ। मुझे इन ज्ञान

इन्द्रियों (आँख, कान, नाक, जीभ व त्वचा) से अनुभव नहीं किया जा सकता है परन्तु नासमझ पुरुष मुझे साधारण मनुष्यों की तरह जन्म लेने वाला व मृत्यु होने वाला समझते हैं, जिससे वे मुझे सर्वव्यापक तत्व स्वरुप में नहीं समझ पाते हैं। **हे अर्जुन! मैं** भूत, वर्तमान और भविष्य तीनों कालों के जीवों और सभी स्थितियों के बारे में जानता हूँ परन्तु मुझमें श्रद्धाभक्ति न रखने वाला व्यक्ति मुझको नहीं जानता है। **हे भरतवंशी अर्जुन!** संसार में मनुष्यों की इच्छाओं की पूर्ति न होने पर, उसका दूसरों से द्वेष करने से उत्पन्न सुख-दुःख व मोह से ग्रहसित होकर अज्ञानी बन रहा है। परन्तु फल की इच्छा न रखकर श्रेष्ठ कर्म करते हुये जिन पुरुषों को पाप के कर्मो से मुक्ति मिल गई है वे पुरुष किसी से वैर और प्रीत न करते हुये मोह के अवगुण से छूटकर सब प्रकार से मेरा ही ध्यान करते हैं। जो भक्त मेरे आधीन होकर, जन्म-मृत्यु न होने के लिये पूजा व अन्य प्रयास करते हैं, वे पुरुष इस ब्रह्म, सम्पूर्ण अध्यात्म व करने योग्य सभी कर्मो को जानते हैं। जिस प्रकार पानी की भाप, बादल, आग का धुआँ, पानी और बर्फ यह सब जल के परिवर्तित रुप हैं एक तरह से जल ही हैं उसी प्रकार जो पुरुष अधिभूत (उत्पत्ति व नष्ट होने वाले सभी पदार्थ), अधिदेव (देवयोग से होनेवाला पुरुष), अधियज्ञ (प्रधान यज्ञ)

सबका आत्मरुप मुझ वासुदेव के पुत्ररुप **मुझे** ही जानते हैं और अन्त समय तक श्रद्धा विश्वास के साथ मुझे ही सबकुछ समझते हैं यहाँ तक समस्त संसार में मुझे ही अपने अन्तसमय में अनुभव करते हैं अर्थात वे पुरुष मुझ ब्रह्म, मुझे ही प्राप्त होते हैं। **शलोक २४-३० तक**

सातवाँ अध्याय "ज्ञान विज्ञान योग" समाप्त

आठवाँ अध्याय "अक्षरब्रह्मयोग"

नष्ट न होने वाला अक्षर व आत्मा की गति

इसप्रकार भगवान् श्रीकृष्ण के समझाने पर ज्ञान की बातों को अर्जुन न समझ सके तब उन्होंने पूँछा, हे परुषोत्तम (श्रीकृष्ण)! ब्रह्म क्या है? अध्यात्म क्या है? कर्म क्या है? अधिभूत नाम और अधिदैव नाम का क्या अर्थ है? अधियज्ञ कौन है? और वह इस शरीर में किस प्रकार है? तथा आपके ध्यान में अभ्यस्थ भक्तों के जीवन की समाप्ति पर आप किस प्रकार उनके पास होते हैं? **इस प्रकार अर्जुन के प्रश्न करने पर श्रीकृष्ण भगवान् ने कहा- हे, मनुष्य शरीरों में श्रेष्ठ अर्जुन!** शरीर के अन्दर व बाहर परम सुख शान्ति देने वाला, कभी न नष्ट होने वाला पवित्र अक्षर रुपी **ॐ सच्चिदानन्दघन परमात्मा ब्रह्म है** और इसी का **स्वरुप आत्मा** जो प्रत्येक जीवधारी में रहता है इसका **ज्ञान ही अध्यात्म है।** शास्त्रोंके नियमानुसार दान करना, यज्ञ करना 8हवन करने में घी, धूप, मेवा, चन्दन, जौ आदि द्रव्यों को भष्म करने से संसार में जन्मे जीवों में शान्ति देने के भाव उत्पन्न होते हैं। इस प्रकार के कार्य करने में **जो द्रव्यों का उपयोग करने का कार्य किया जाता है उसे कर्म कहते हैं।** धर्म कार्य के उपयोग में आने वाले उत्पन्न

तथा नष्ट होनेवाले भौतिक पदार्थ व जीव-जन्तु और ब्रह्म का वह मूल सूक्ष्मरुप **जो सभी तत्वों व प्राणियों में समान रुप से और सभी जगह व्याप्त है अधिभूत है।** सृष्टि का देवयोग से सोने समान पवित्र बना **सूत्रआत्मा** (जिससे आत्मायें बनना प्रारम्भ हुईं) **जिससे सभी कुछ उत्पन्न हुआ है, अधिदैव होता है।** इस शरीर में विद्यमान **भगवान् विष्णु के अंशरुप वासुदेव के कहे जाने वाले पुत्र मैं ही अधियज्ञ हूँ।** जो पुरुष अपने जीवन समाप्ति के अन्तिम समय मेरे को ही स्मरण करता हुआ शरीर को छोड़ता है, वह मेरी तरहके आचरण अपनाने योग्य शरीर, मन और बुद्धि को प्राप्त करता है। मेरी इस बात में कोई संदेह नहीं है। **हे कुन्तीपुत्र अर्जुन!** जो मनुष्य अपना जीवन व्यतीत करने में जिस प्रकार के कार्य को ज्यादा करता है और जिस शरीर या द्रव्य पदार्थ से ज्यादा लगाव रखता है, ज्यादातर जीवन के अन्तिम समय उसी की याद आती है। **इसलिये हे अर्जुन!** तुम प्रत्येक स्थित में मेरी ही याद करते हुये पाप-पुण्य की चिन्ता किये बिना युद्ध का कार्य करो और अपने मन, बुद्धि को इस प्रकार समझो कि तुम्हारा शरीर मेरी मन, बुद्धि द्वारा कार्य कर रहा है। निसंदेह इस धर्मयुद्ध करने में तुमको कोई भी दोषी नहीं कहेगा और तुम मेरे समान कहे जाओगे।**श्लोक १-७तक 8**

हे पार्थ (राजा)! इस प्रकारका नियम है कि जो पुरुष अपने चित्त (ध्यान) को इधर-उधर जाने से रोक करके अपने मन को अपनी ज्ञान इन्द्रियों (आँख, कान, नाक, जीभ व त्वचा) के वश में करके परमात्मा के ध्यान का अभ्यास हर स्थित सुख-दुखः में प्रत्येक क्षण करता रहता है, वह पुरुष उस परमेश्वर के दिव्य अलौकिक प्रकाशरुप का दर्शन करके परम शान्ति पाता है। परमात्मा सभी विषयों का ज्ञान रखने वाले, कभी प्रारम्भ न होने वाले, सभी प्राणियों के शुभ-अशुभ कर्मो के अनुसार उनको अनेक योनियों व ऊंचे-नीचे वर्गो में जन्म देने वाले, सूक्ष्म से भी अति सूक्ष्म, सभी को अपने ध्यान में रखने वाले, सभी को भोजन व पानी की व्यवस्था करने वाले, सूर्य से भी अधिक प्रकाशमान, आत्मशक्ति रुप, कभी न नष्ट होने वाले, किसी बात को सुनकर तुरन्त समझने वाले, सभी को अन्दर बाहर से शुद्ध करके आन्तरिक शान्ति देने वाले **आश्चर्य जनक होते हैं।** जो परमात्मा की भक्ति में लगा पुरुष इस गुणवान परमात्मा को अपने ध्यान में रखता है, ऐसा पुरुष अपने जीवन के अन्तिम समय में अपनी परमात्मा से जुड़नेकी शक्ति द्वारा अपनी आत्मा को दौनों भौं के बीच में मस्तिष्क के नीचे लाकर रोक लेता है। इसके बाद अपने मन में धारणा करके कि इस संसार में ईश्वर ही जन्म-जन्म के समय

सच्चा साथ देनेवाले सम्बन्धों में सबकुछ हैं, तब वह अपने शरीर को पृथ्वी पर छोड़कर उस अलौकिक परमात्मा में मिल जाता है। **हे अर्जुन!** परमात्मा की पुस्तक **वेद** की समझ रखने वाले विद्वान पुरुष जिस सच्चिदानन्दघन रुप परमात्मा को **ॐकार** नाम से कहते हैं और संसारिक सुखों में न इच्छा रखने वाले महान् पुरुष इस **वेद ग्रन्थ** को जानने के प्रयास में लग जाते हैं तथा मनुष्य शरीर में कुछ तपस्वी (परमपद) मनुष्य, मनुष्यों के सबसे श्रेष्ठ पद (महात्मा) को पाने के लिये ब्रह्मचर्य समान रहन-सहन अपनाते हैं, **वैसा श्रेष्ठ मनुष्य किस प्रकार बना जाये; मैं तुमको संक्षेप में समझाउँगा। हे अर्जुन!** जीवन की अन्तिम श्वांस लेने से पहले जो मनुष्य अपने मन से संसारिक सम्बन्धों व धन सम्पत्ति आदि किसी का भी ध्यान न करते हुये अपने मन को अपने हृदय अन्तःकरण में स्थिर करके अपने प्राणों को मस्तिष्क में रोककर **ॐ** शब्द कहकर शरीर का त्याग करता है, वह ध्यान करने वाला पुरुष परमगति (आत्मा का परमात्मा में विलय होना) को प्राप्त होता है। **हे अर्जुन!** जो पुरुष सभी तरफ से अपना ध्यान हटाकर पूरी तरह से मुझे ही अपने ध्यान में रखकर मेरा सुमिरन करता है, उस योगी को **मैं** सहज में ही मिल जाता हूँ। ऐसे महात्मा मुझे पाने के लिये बहुत बड़े उपाय को जानकर, इस

थोड़े समय के जीवन वाले मनुष्य शरीर को दुःख का अनुभव देने वाले संसार में जन्म लेने से बच जाता है। **हे अर्जुन!** ब्रह्मलोक से लेकर जितने भी लोक हैं, सभी में मनुष्य जन्म लेने के बाद, जीवन में संसारिक सुख-दुःख लेते हुये जीवन व्यतीत करते हैं और मृत्यु पाकर कर्मों के अनुसार दूसरा जन्म पाते हैं। **परन्तु हे कुन्तीपुत्र (अर्जुन)!** जन्म लेते-लेते जिस जन्म में मनुष्य पूरी तरह से मुझको समझकर व मुझपर विश्वास करके मेरी शरण में आकर मुझे प्राप्त कर लेता है तब उसका थोड़े से जीवन काल वाला दोबारा जन्म नहीं होता है; क्यों कि **मैं** किसी काल (समय) के अन्दर नहीं आता हूँ सभी लोक समय वाले होने से नष्ट होने वाले होते हैं। **श्लोक ८-१६ तक 8**

हे अर्जुन! ब्रम्हाजी के जीवन का एक दिन एक हजार चौकड़ी अवधि वाला तथा एक रात एक हजार चौकड़ी अवधि वाली होती है। (एक चौकड़ी चारों युगों सतयुग, त्रेतायुग, द्वापरयुग, कलयुग के कुल वर्षों का योग ४३२००००वर्ष होती है।) ब्रह्माजी के जीवन व उनके ब्रह्मलोक की आयु उस समय की गणना के अनुसार करोणों वर्ष होते हुये भी समाप्त होने वाली है। जो तत्वज्ञानी पुरुष ब्रह्माजी की आयु और ब्रह्मलोक को भी समाप्त होनेवाला जानते हैं, वे

योगीजन काल (समय) को गहराई से समझते हैं। इसलिये वे तत्त्व ज्ञानी पुरुष समझते हैं कि यहाँ जो भी पैदा हुये हैं वे ब्रह्माजी के सूक्ष्म शरीर (शब्दों से व्याख्या नहीं हो सकती) से उनके दिन के समय उत्पन्न हुये हैं और ब्रह्माजी के सूक्ष्म शरीर में उनके रात्रि के समय में मिल जाते हैं। (उदाहरार्थ मनुष्य के जीवन का एक दिन बारह घंटे का व एक रात्रि बारह घंटे की होती है; कुछ कीट-पतंगा दिन में जन्म लेते हैं और रात्रि तक मर जाते हैं तथा कुछ रात्रि में जन्म लेते हैं और दिन में मर जाते हैं। इस प्रकार कीट-पतंगों के जीवन के अनुपात में मनुष्य का जीवन कितना अधिक होता है।) वे ही सभी प्राणी ब्रह्माजी के दिन के समय में उत्पन्न हो-होकर प्रकृति के माया-मोह के वश में होकर जीवन व्यतीत करके ब्रह्माजी के रात्रि के समय उनमें मिल जाते हैं और उनके दिन के समय में फिर जन्म लेते हैं। **हे अर्जुन!** ब्रह्माजी अव्यक्त हैं अर्थात् इनका वर्णन शब्दों द्वारा नहीं हो सकता है परन्तु इनसे भी अलग इनको समझने का विलक्षण सनातन अव्यक्तभाव (अव्यक्त अनुभव) है, मतलव जिन भाव व विचारों को व्यक्त न किया जा सके। वह सच्चिदानन्दघन पूर्णब्रह्म परमात्मा ब्रह्माण्ड का सब कुछ नष्ट होने के बाद भी नष्ट नहीं होता है। परमात्मा का जो वह अव्यक्त अक्षर है, **उसी अव्यक्त अक्षर**

नामक भावके अनुभव को परमगति कहते हैं।
परमात्मा का यह अव्यक्त भाव अनुभव पाने अर्थात्
परमगति पाने पर मनुष्य मेरे परमधाम में पहुँचकर
फिर पीछे इस मनुष्य लोक में वापस नहीं आता है।
और **हे पार्थ!** जिस सच्चिदानन्दघन पारमात्मा के
आधीन सभी भूत प्राणी हैं व पूरा संसार इसी में
समाया हुआ है; यह अव्यक्त परमात्मा बहुत श्रद्धा व
भक्ति से प्राप्त होता है।**श्लोक१७-२२ 8**

हे अर्जुन! अब **मैं** तुमसे उन दौनों मार्गों का वर्णन
करुँगा जिनसे योगीजन परमगति को प्राप्त हो जाते हैं
अर्थात् परमात्मा में विलय के बाद इस मनुष्य लोक में
वापस नहीं आते हैं और वे मनुष्य जो परमात्मा में
विलय न होकर इस लोक में दोबारा वापस आते हैं।
उत्तरायण (छः मास की वह अवधि जिसमें सूर्य की
गति उत्तर यानी कर्क रेखा की ओर रहती है।
१४जनवरी से २१जून तक) के समय में, शुक्लपक्ष
(माह के पन्द्रह दिनों की उजयारी रात्रियाँ) में, दिन के
समय के माया-मोह के चमक-दमक के वातावरण में
भी जो योगीजन परमात्मा की उपस्थित या अनुपस्थित
को समझते हुये परमात्मा की अनुभूति में शरीर का
त्याग करते हैं वे परमगति को प्राप्त करके फिर
मनुष्य लोक में वापस नहीं आते हैं। दक्षिणायन (छः

माह की वह अवधि जिसमें सूर्यकी गति जो कर्करेखा से दक्षिण की ओर तथा मकर रेखा की ओर रहती है। (२१जुन से २२/२३दिसम्बर तक) में, रात्रि के समय तामस प्रभावी गुणों में, कृष्णपक्ष (माह के पन्द्रह दिन अंधेरी रातें) में, हृदय को दूषित करने वाले मार्गो पर चलने में जो मनुष्य फल की इच्छा और स्वार्थ भाव से कर्म करने में जीवन व्यतीत करते हैं और अन्तमें ऐसे मनुष्य शरीर त्यागनेके बाद स्वर्ग में अपने शुभ कर्मो का फल भोगकर इस मनुष्य लोक में वापस आकर दुबारा जन्म लेते हैं। क्योंकि अनन्त समय से **मनुष्य शरीर कोही** (शुक्ल) देवता समान व (कृष्ण) संसारिक मनुष्य समान बनाने वाले साधन माना गया है। देवता समान बनने के लिये ऊपर परमगति प्राप्त करने का साधन बताया है और इस साधन के विपरीत स्वार्थ भाव से सेवाकर्म करने से दोबारा मनुष्य लोक में जन्म होता है। फिर भी परमात्मा भक्ति न करने पर इस मृत्यु लोक में पुनः जन्म होता है। **हे पार्थ!** इन दौनों मार्गो के परिणामों से तत्त्वज्ञानी (परमात्मा का अनुभवी पुरुष) आकर्षित नहीं होता है और निस्वार्थ भाव से संसारिक सेवा कार्य करते हुये परमात्मा के ध्यान में रहता है। संसारिक अनुपयोगी इच्छायें नहीं रखता है। **इसलिये हे अर्जुन!** तुम मेरी प्राप्ति वाले साधन को अपनाओ। क्योंकि योगी पुरुष इस रहस्य

को जानकर यज्ञ, तप, दान करने व वेदोंके पढ़ने के फलों को पाना महत्वपूर्ण नहीं समझता है और परमात्मा अव्यक्त अक्षर ज्ञान को समझकर उनके सत्य मार्ग पर चलकर परमगति को प्राप्त करता है।

श्लोक २३-२८ तक

आठवाँ अध्याय "अक्षरब्रह्मयोग" समाप्त

अध्याय नौ "राजविध्याराजगुह्ययोग"

सभी विध्याओं व रहस्यों के राजा का ज्ञान

इसके उपरान्त श्रीकृष्णभगवान् बोले, हे अर्जुन! तुम सभीके प्रति अच्छी द्रष्टि रखने वाले मेरे भक्तहो इसलिये **मैं** तुमको इस ज्ञान को रहस्य के सहित समझाउँगा, यह बहुत ही छिपा हुआ ज्ञान है। इसको जानकर तुम्हें इस संसार में जो माया मोह का दुःख है, उसका आभास नहीं होगा। संसार में जितनी भी विध्यायें हैं, यह विध्या सबकी राजा अर्थात् संरक्षक है। जितनी भी गोपनीय रहने युक्त ज्ञान विध्यायें हैं, वह ज्यादा समय तक छुपी नहीं रह सकती हैं। जन साधारण उसको समझ ही लेता है परन्तु यह विध्या अत्यन्त गुप्त है। **यह विध्या मनुष्य धर्म पालन के अनुकूल, अति पवित्र और उत्तम है।** इस विध्या में यह मुख्य बात है कि मनुष्य ज्ञान पाने के बाद तुरन्त परमात्मा शक्ति का अनुभव करके स्थायी शान्ति पाता है। **हे परंतप!** (तपस्या द्वारा इन्द्रियों को वश में करने और अपने प्रभाव व आकर्षण से शत्रुओं को दुःख देने के कारण अर्जुन को भगवान् श्रीकृष्ण ने परंतप करके संबोधित किया है) इस धर्म अनुकूल तत्त्वज्ञान में श्रद्धा न रखने वाले मनुष्य अपना कल्याण नहीं कर पाते हैं और इस संसार में बार-बार मरने के लिये जन्म लेते

रहते हैं। **हे अर्जुन!** शून्यसे कम तपमान में बहुत विशाल पानी का भंडार एक छोटे से बर्फ की सिला के रुप में बन जाता है अर्थात् विशाल पानी का समूह जिसप्रकार बर्फ की बनी सिला के आधीन होता है इसी प्रकार जलसमान सम्पूर्ण संसार मुझ सच्चिदानन्दघन परमात्मा बर्फसमान के आधीन है। बर्फ को जल नहीं कहा जा सकता है और जल को बर्फ नहीं कहा जा सकता है। सभी जन्में व अजन्में प्राणी वचनबद्ध होकर मेरे में स्थित हैं। यहाँ मनुष्य रुप में जन्म लेने के बाद मेरी भक्ति द्वारा अपने कल्याण की बात भूल जाते हैं। **मैं** किसी भी प्रकार से उनके लिये वचनबद्ध नहीं होता हूँ। इसलिये **मैं** वास्तव में उनमें स्थित नहीं हूँ और सभी जन्में व अजन्में प्राणी मुझ में स्थित नहीं हैं। मेरी योगमाया और मेरे प्रभाव के कारण ही सभी जीवधारियों का जन्म होकर शरीरों की विभिन्न आकृति प्राप्त होती है और उनका पोषण होता है परन्तु मेरी आत्मा उनमें स्थित नहीं होती है। इस बात को इस प्रकार से समझो। जिस प्रकार आकाश से उत्पन्न होने वाली और चारों तरफ घूमने वाली महान् वायु हमेंशा आकाश में स्थित रहती है उसी प्रकार मेरे प्रभाव से उत्पन्न होने वाले सभी प्राणी पृथ्वी पर जीवन यापन करते हुये मेरे में स्थित होते हैं। **श्लोक १-६तक 9**

हे अर्जुन! सभी भूतप्राणी अपने जीवन के अन्त में मेरी प्रकृति के तत्वों (वायु, जल, अग्नि, आकाश व पृथ्वी) में मिल जाते हैं व फिर उन्हीं भूतप्राणियों को उन्हीं प्रकृति के तत्वों से दोबारा रचता हूँ। **मैं** सभी भूत प्राणियों को माया रुपी तीन गुणों सात्विक, राजस, तामस के स्वभावों में आकर्षित करके उनके कर्मों के अनुसार वारन्वार नये-नये शरीर देता हूँ। **हे अर्जुन!** व्यक्तियों के द्वारा किये गये कार्य जिनको वह बिना लगाव के मन लगाकर करता है और कर्तव्य निभाने पर वह यह नहीं सोचता है कि मुझे इसका क्या फल मिलेगा? केवल शान्ति मिलने के कारण करता है और विश्वास रखता है कि परमात्मा मुझसे किसी के सेवा सहयोग वाले कार्य करवा रहा है। इतना सब करते हुये भी वह उदासीन अर्थात् सामान्य स्थित में रहता है। **इसप्रकार के किये गये कर्म भी मुझ परमात्मा को अपने आधीन नहीं कर पाते हैं। हे अर्जुन!** पूरे ब्रह्माण्ड को नियन्त्रित रखने वाली शक्ति के निकट मेरी माया जड़-चेतन जीवों सहित पूरे संसार की रचना करती है और ऊपर कहे अनुसार यह पूरा संसार उत्पन्न होने और नष्ट होने के क्रम चक्र में घूमता रहता है। मेरी इस महानता के होते हुये भी अज्ञानी मनुष्य नहीं समझते हैं कि **मैं** सभी को सत्य ज्ञान देकर परम शान्ति प्राप्त करा सकता हूँ। इस

पृथ्वी पर के मनुष्यों के कल्याण के लिये **मैं** मनुष्य का शरीर धारण करके इस पृथ्वी पर विचरण कर रहा हूँ परन्तु मुझ परमात्मा को अज्ञानी मनुष्य, तुच्छ व साधारण पुरुष मानते हैं। राक्षसों और असुरों के स्वभाव को पसन्द करने वाले क्रूर, निर्दयी जैसे अज्ञानी पुरुष अहितकर वस्तुओं की चाहत, अहितकर कार्य करने, अहितकर ज्ञान अर्जित करने में अपना समय व्यतीत करके तामस अर्थात दूषित आदतों को अपनाते हैं। परन्तु **हे कुन्तीपुत्र!** (अर्जुन की माँ का नाम कुन्ती है) सर्वगुण सम्पन्न देवी (अध्याय 16 में देवी माँ के गुणों का वर्णन किया गया है) के गुणों के आचरण वाले महात्माजन मुझकोही सभी भूतप्राणियों के संरक्षण देने का कारण और नष्ट न होने वाला अव्यक्त अक्षर जानते हैं तथा केवल मुझसे ही पूरी तरह से सम्बन्ध जोड़कर मुझे अपने चिन्तन में रखते हैं। मुझमें पूरी तरहसे आश्रित होकर वे भक्त जन केवल मेरे नाम व गुणों के कीर्तन में, मेरी प्राप्ति के प्रयास में, मुझको वार-वार प्रणाम करने में और मेरे ध्यान के अभ्यास में समय लगाकर पूरी तरह से मेरी पूजा करते हैं। उनमें से कोई मुझ परमात्मा को तत्व से जान कर कि वासुदेव (वासुदेव का पुत्र) **मैं** ही सब कुछ हूँ अपने अन्तःकरण में दर्शन करते हैं, कोई-कोई मुझे मालिक और स्वयं को मेरा सेवक मान कर

मेरी सेवा करते हैं और कोई-कोई अन्य दूसरी तरह से मेरी याद करते हैं। **श्लोक ७-१५ तक 9**

क्योंकि मनुष्य रुप में सभी का निर्माण करने वाला व सभी को अच्छी प्रेरणा देने वाला, सभी प्रकार के यज्ञ अर्थात् स्वच्छ कर्म, औषधियों के निर्माण हेतु वनस्पतियाँ, मृतक पूर्वजों को अर्पित करने वाला अन्न, बोलने वाला मंत्र, दूध के अन्दर घी, आग और हवन करने की क्रिया सभी कुछ **मैं** ही हूँ। **हे अर्जुन! मैं** ही पूरे संसार को अलग-अलग रुपों में बनाने वाला, उनके लिये अलग-अलग प्रकार की आवश्यक सामग्री उत्पन्न करनेवाला सबके द्वारा किये गये कर्मो का फल देने वाला; सभी का पिता, माता, बाबा, नाना आदि, सभी को जानने योग्य ज्ञान, पवित्र परमात्मा का अनुभव तथा ऋग्वेद, सामवेद और यजुर्वेद **मैं** ही हूँ। **हे अर्जुन!** सभी को प्राप्त होने योग्य देने वाला और उनकी पूर्ति करने वाला, सबका मालिक, सभी का हित चाहने वाला, सबके रहने का स्थान, सब को कृपा करने योग्य बनाने वाला, किसी के प्रति उपकार करना न चाहकर भी उपकार करने वाला, सबकी उत्पत्ति करने वाला, समय-समय पर प्रलय करने पर सबको अपने में विलय करने वाला, सबको साधने वाला व कभी न नष्ट होने वाला कारण **मैं** ही हूँ। **हे**

अर्जुन! **मैं** ही सूर्य के रुपमें तपता हूँ, **मैं** ही पानी बर्षाकर व जीवप्राणी के रुप में बर्षात की सुन्दरता से आकर्षित होता हूँ और **हे अर्जुन! मैं** ही रुप न बदलने वाला सत्य और रुप बदलने वाला असत्य हूँ तथा **मैं** ही अमर करने वाला अमृत व मृत्यु देने वाला बिष, सभी कुछ **मैं** ही हूँ। **श्लोक १६-१९ तक** 9

परन्तु जो पुरुष स्वर्ग की प्राप्ति के लिये तीनों वेदों (ऋग्वेद, सामवेद, यजुर्वेद) के अनुसार कर्मों को करते हैं और सोमरस (परब्रह्म की भक्ति के आनन्द रस) का पान करते हैं तथा अपने दूषित कर्मों को पवित्र करने वाले कर्म करते हैं, वे पुरुष अपने उद्धार के हित में किये गये कर्मों के फलों में इन्द्रलोक की प्राप्ति करके देवताओं की तरह आनन्द से जीवन व्यतीत करते हैं। इसके बाद स्वर्गलोक का आनन्द भोगने में उनके पुण्य के कर्मों का फल कम होने पर वह दोबारा मृत्यु पाने के लिये पृथ्वी पर जन्म लेते हैं। तीनों वेदों में स्वर्ग प्राप्ति के बताये गये उपायों के अनुसार स्वर्ग प्राप्ति की चाहत से मनुष्य सत्कर्म करके स्वर्ग प्राप्त करता है और सत्कर्म कमजोर होने पर पुनः मत्युलोक पृथ्वी पर जन्म लेता है। इस प्रकार स्वर्ग में मनुष्य जीवन में पुण्य के कर्म करने के बराबर स्वर्ग का सुख भोगता है और फिर पुण्यके कर्मका

प्रभाव कम होने पर दोबारा मृत्युलोक पृथ्वी पर जन्म लेता है (सुख मिलने पर मनुष्यों के पुण्य कर्मों में अधिकांश कमी आ जाती है) जो भक्तजन केवल मुझमें पूरी तरह से श्रद्धा भाव रखकर मुझ परमेंश्वर का चिन्तन बिना किसी फल की इच्छा से करते हैं उन भक्तों को **मैं** भगवत् के स्वरूप के प्राप्ति का साघन स्वयं प्राप्त करा देता हूँ। **हे अर्जुन!** हालांकि श्रद्धा से जो पुरुष किसी भी लाभदायक फल की इच्छा से दूसरे देवता को पूजते हैं, एक तरहसे वे मेरी ही पूजा करते हैं, किन्तु उनकी यह पूजा सही विधि के अनुसार नहीं होती है। क्योंकि सम्पूर्ण कर्मों का स्वामी **मैं** हूँ और उनके फलों को भोगने वाला भी **मैं** हूँ। (तुम्हारे शरीर के माध्यम से **मैं** ही फलों को भोगता हूँ।) सभी प्रकार के यज्ञ अधियज्ञस्वरुप परमेंश्वर **मैं** ही हूँ, इस बात को वे भक्तजन तत्व से नहीं समझते हैं, इसी से अपने सत्मार्ग से गिरते और पुनः मृत्युलोक पृथ्वी पर जन्म लेते हैं। **यह नियम है कि देवताओं की पूजा करने वाले देवताओंके पास रहते हैं, पूर्वजों को पूजने वाले पूर्वजों के पास रहते हैं, भूतों को पूजने वाले भूतों के पास रहते हैं और मेरे भक्त मुझ पर विश्वास करके मेरा ध्यान करने के कारण मेरे ही पास रहते हैं अर्थात मुझे प्राप्त होते हैं। इसलिये मेरे**

भक्तों का दोबारा जन्म नहीं होता है। **शलोक २०-२५ तक 9**

हे अर्जुन! मेरी पूजा बहुत ही सरल है कि बिना फल की आशा से अपने शुद्ध विचार करके मेरा जो भक्त फूल, फल, पत्ता, जल इत्यादि प्रेम पूर्वक मुझे अर्पित करता है उन वस्तुओं को **मैं** शरीर रुप से प्रकट होकर प्रेम पूर्वक खाता हूँ। **इसलिये हे अर्जुन!** तुम जो कुछ कर्म करते हो, जो कुछ खाते हो, जो कुछ दान करते हो, जो कुछ सामग्री हवन में आहुति करते हो, जो भी अपने आपको धर्म के अनुरुप चलने में कर्तव्य निभाते हो वे सब मुझ में अर्पित कर दो अर्थात अपने द्वारा किये हुये और आगे करने वाले सभी कर्म मेरे लिये किये थे और आगे भी मेरे लिये करोगे। इन विचारोंसे यदि तुम कर्म करोगे तो तुम्हारा जीवन संन्यासी समान हो जायेगा और कर्मों के बन्धन से मुक्त होकर मुझको प्राप्त करोगे। हालांकि मेरे लिये न कोई प्रिय है और न कोई अप्रिय, जन्में और आगे जन्म लेने वाले सभी में **मैं** समानरुप से विद्यमान रहता हूँ। परन्तु जो भक्त मेरा भजन प्रेमसे करते हैं, उनके सामने **मैं** प्रत्यक्ष प्रकट होता हूँ। जिस प्रकार सूक्ष्म रुप से अग्नि सभी जगह विध्धमान रहने पर उसके प्रकट करने के साधन अपनाये जाने पर प्रत्यक्ष दिखती है

उसी प्रकार **परमात्मा** सब जगह रहने पर परमेश्वर के भजन भक्ति करने वालों के हृदय में प्रत्यक्ष रुप से प्रकट होता है। **मेरी भक्ति का और भी प्रभाव सुनों** कि कोई बहुत ही दुराचारी व्यक्ति भी इस भाव से मेरा निरन्तर भजन करता है कि मेरे अतिरिक्त कोई दूसरा उसका उद्धार करने वाला नहीं है वह व्यक्ति साधू (सज्जन) ही कहा जा सकता है क्योंकि वह पूरी तरहसे निश्चय करलेता है कि परमेंश्वरके भजन करनेके समान और कुछ भी नहीं होता है। इसलिये वह शीघ्र ही धर्मात्मा बनकर धर्म का कार्य करते हुये स्थाई परमशान्ति को प्राप्त करता है। **हे अर्जुन!** इस बात को तुम सत्य जानों कि मेरा भक्त कभी नष्ट नहीं होता है क्योंकि **हे अर्जुन,** पापकर्म करने वाले, स्त्री, वैश्य, शूद्र तथा अन्य पाप योनियों में जन्मे जीवों का मेरी शरण में आने से स्वर्ग की प्राप्ति होती ही है फिर पुण्य कर्म करने वाले ब्रह्मज्ञानियों और मेरी भक्ति करने वाले राज्य में रहने वाले ऋषियों की कितनी अच्छी स्थिति होती होगी। इसलिये इस थोड़े से समय के लिये सुख रहित मनुष्य शरीर को पाकर प्रत्येक क्षण मेरा ही भजन करो। यह मनुष्य शरीर कुछ जीवों को ही प्राप्त होता है परन्तु शरीर नाशवान् और सुखरहित होता है किसी समय जीवन समाप्त हो सकता है। अज्ञानता के कारण इन्द्रियों के विषयों के

सुखही बड़े अच्छे लगते हैं इसलिये वास्तविक व स्थाई परमशान्ति पाने के लिये मेरा ही भजन करो। अन्दर व बाहर परम सुख-शान्ति देने वाले वासुदेव के पुत्र **मुझ** परमात्मा के गुणों, भक्तों पर की गई कृपाओं, मेरी महिमाओं के वर्णनों को अनन्य प्रेम से स्थिर मन बनाकर श्रद्धा व प्रेम सहित बिना फल प्राप्ति की इच्छा से पढ़ो व याद करो। और चारों भुजाओं में शंख, चक्र, गदा व कमल लिये हुये, गले में फूलों की माला डाले हुये, समुद्र मन्थन से निकली कौस्तुभमणि को धारण किये हुये भगवान् विष्णु का अपने मन, वाणी और शरीर द्वारा अपना सबकुछ अर्पण करके बहुत ही श्रद्धा भक्ति व प्रेम से शान्ति के साथ पूजन किया करो तथा बलशाली, शोभायुक्त, अलौकिक शक्तियों से परिपूर्ण, दूर की सोचने वाले, सबके प्रति दया रखने वाले, सब जगह गुणों की चर्चा वाले, सबको माता-पिता जैसा प्यार देने वाले, सबको सहारा देने वाले तथा मन से साफ हृदय रखने वाले आदि गुणों से पूर्ण सर्वशक्तिमान वासुदेव के पुत्र **मुझे** खड़े होकर दण्डवत् प्रणाम करके अपनी आत्मा को मुझमें जोड़कर मेरी शरण में आ जाओ, निश्चय ही मुझको प्राप्त होकर तुम अपना उद्धार करोगे। **श्लोक २६-३४ तक**

अध्याय नौ "राजविध्याराजगुह्ययोग" समाप्त

दसवाँ अध्याय " विभूतियोग "

शरीर, मन और इन्द्रियों की अद्भुत शक्ति

भगवान् श्रीकृष्णचन्द्रजी अर्जुन से बोले, हे महानुभाव! तुम केवल मुझसे अत्यन्त प्रेम करते हो इस कारण से में अपने जन्म के प्रभावशाली रहस्य को तुमसे कहूँगा **इसको ध्यान से सुनो। हे अर्जुन!** संसार के सभी प्रकार के गुणों सहित **मैं** धरती पर उत्पन्न हुआ हूँ, मेरे उत्पत्ति के रहस्य को देवतागण और बड़े से बड़े ऋषि भी नहीं जानते हैं क्योंकि यह सब मेरे कारण ही उत्पन्न हुये हैं। **मैं** होते हुये भी मेरा प्रारम्भ नहीं है और मेरे कारण ही पूरे जगत की रचना हुई है। **मैं** सभी लोको **में महान् ईश्वर हूँ।** जो मनुष्यों में ज्ञानवान् पुरुष मेरे इस रहस्य को सूक्ष्मता से तत्त्व रुप में जानता है, वह अपने किये गये पापों से मुक्त हो जाता है। **हे अर्जुन!** किसी भी कार्य को करने का निश्चय करना, तत्त्वज्ञान जानने की इच्छा होना, समझदारी, क्षमा करना, सत्य मार्गपर चलना, इन्द्रियोंको वश में कर पाना, मन को चारों तरफ भागने से रोकना, सुख-दुःख होना, किसी की भी उत्पत्ति व नष्ट होने का डर, किसी से डरना व निडरता, किसी को कष्ट न देना, सबके साथ समान व्यवहार करना, प्रत्येक स्थित में संतोष करना, दान

देना, किसीकी बड़ाई व बुराई करना इसप्रकार के विचार सभी प्राणियों में मेरे कारण ही आते हैं। **हे अर्जुन!** ब्रह्माजी के चार पुत्र (सनका, सन्ताना, सननदाना व सनतकुमार) सात महर्षि (वशिष्ठ, कश्यप, अतरी, अंगीरश, गौतम, कुतसा व भ्रिगु) (कृष्ण यजुर्वेद के अनुसार) स्वयं उत्पन्न चौदह मनु (स्वायम्भुव, सवरोशिसा, उत्तम, तमसा, रेवता, कक्सुसा, वैवसवता, सवर्नी, डकसासरवानी, ब्रह्मासरवानी, धर्मासिर्वानी, रुद्रसर्वानी, देवासर्वानी व इन्द्रसर्वानी) यह सब मेरे समान भाव रखने वाले मेरे वचन संकल्प से उत्पन्न हुये हैं। सम्पूर्ण संसार इन्हीं की प्रजा है। संसारमें जो कुछ दिखाई पड़ता है वह सब नष्ट होने वाली माया है, केवल **मैं** ही सब तरहसे परिपूर्ण हूँ, **मुझे जानना ही तत्त्वज्ञान है।** जो पुरुष मुझ परमेंश्वर के गुणों और मेरा योग करके **मेरी** शक्ति को समझ लेता है वह पुरुष निसंदेह ध्यानयोग के द्वारा मुझ में स्थित हो जाता है।**श्लोक १-७ 10**

सम्पूर्ण जगत् की उत्पत्ति का कारण **मैं** वासुदेव ही हूँ और पूरा जगत् **मुझ** से ही सबकुछ पाने की आशा करता है। इसप्रकार बुद्धिमान भक्तजन मुझे तत्त्व (मेरी वास्तविकता) से जानकर मेरी श्रद्धा और भक्ति पाकर मुझ परमेंश्वर को प्रत्येक समय अपने ध्यान में

रखते हैं तथा मुझमें प्रत्येक समय अपना मन लगाकर और अपना पूरा जीवन मेरी आज्ञा में रहकर अपने प्राणों की भी चिन्ता नहीं करते हैं और मेरी भक्ति के प्रभाव की चर्चा मेरे गुणों सहित दूसरे पुरुषों में करते हुये संतुष्टि पाते हैं तथा अपना सबकुछ त्यागकर मेरे कहे मार्ग पर चलते रहते हैं। इस प्रकार प्रत्येक समय मेरे ध्यान में लगे भक्तों को **मैं** अपने अनुभव करने का योग तत्त्वज्ञानके रुपमें समझाता हूँ, जिसे जानकर वे मुझे पाकर वास्तविक सन्तुष्टि शान्ति पाते हैं। **हे अर्जुन!** भक्तों के अन्तःकरण हृदय में अज्ञान का जो अंधकार हो जाता है, उसी को दूर करने के लिये **मैं** उनके हृदय में तत्त्वज्ञानरुपी दीपक द्वारा प्रकाश करने के लिये समान भाव से बैठा होता हूँ। **श्लोक८-११ 10**

इस प्रकार भगवान् के वचनों को सुनकर अर्जुन बोले, हे भगवन्! आप स्वयं सबसे बड़े ब्रह्म, सबसे उत्तम स्थान स्वर्ग तथा पूरी तरह से पवित्र हैं, क्योंकि आपको सभी ऋषिगण स्वर्ग से सम्बन्ध रखने वाला अलौकिक पुरुष, स्वर्ग में रहने वाले देवताओं से पहले के प्रारम्भ रहित देवता, बिना जन्म लेने वाले योगमाया से प्रकट हुये और सभी स्थान पर रहते हुये कहते हैं। उसीप्रकार देवताओं में ऋषि नारदजी व असितजी,

देवलऋषि, महाऋषि व्यासजी और स्वयं आप अपने बारे में मुझे समझाते हैं। **हे केशव!** जो कुछ भी आप मुझसे कह रहे हैं, इसको **मैं** सत्य मान रहा हूँ। **हे भगवन्!** आप जो योगमायासे जिसप्रकार प्रकट हुये हैं इसको देवता व देवताओं के घोर शत्रु दानव भी नहीं जानते हैं। हे (जगत् मे आये व आने वाले प्राणियों) को उत्पन्न करने वाले! हे देवताओं के भी देवता! हे जगत् के मालिक! हे मित्र व शत्रु के लिये एकसमान रहने वाले श्रेष्ठ पुरुष! आप स्वयं ही अपने आपको जानते हैं **इसलिये हे भगवन्!** आप अपनी अलौकिक शक्तियों व गुणों को स्वयं ही पूरी तरह से समझाने में सक्षम हैं। **हे यागेश्वर!** (सभी योग क्रियाओं के जानने वाले) मैं आपका प्रत्येक समय किस प्रकार चिन्तन कर सकूँ? और कृपया मुझे बतायें कि आपके किस-किस भाव में मैं आपका चिन्तन कर सकता हूँ? **हे जनार्दन!** (सब प्राणियों का पालन करने वाले) आप अपनी योग शक्तियों और अपने परमात्मारुपी गुणों को फिर भी विस्तार पूर्वक कहियेगा, क्योंकि आपके अमृत समान मीठे वचनों को सुनने की इच्छा समाप्त ही नहीं हो रही है।श्लोक१२-१८ 10

इसप्रकार अर्जुन के पूछने पर श्रीकृष्ण भगवान् बोले, हे कुरुश्रेष्ठ! मेरे गुणों, मेरी छमताओं व मेरी

शक्तियों का अन्त नहीं है, अब **मैं** अपने बारेमें मुख्य बातों को जो तुम्हारे समझने में सरल हैं विस्तार से कहूँगा। जन्म ले चुके व आगे जन्म लेने वाले सभी प्राणियों के हृदय में स्थित आत्मा **मैं** हूँ तथा इन सभी का जीवन प्रारम्भ करने वाला, इनके जीवन काल में इनके शरीर को चलायमान रखने वाला तथा जीवों का अन्त करने वाला **मैं** ही हूँ। **हे अर्जुन!** देवी आदिति (पाप और रोग से बचाने वाली देवी) के बारह पुत्रों में वामन अवतार (राजा बलि से तीन पग जमीन दान मे लेने वाले), प्रकाश श्रोतों में सूर्य, उन्नचास वायुदेवताओं में मारीचि नामक वायुदेवता, नक्षत्रों में नक्षत्रों का शाषक चन्द्रमा, वेदों में सामवेद, देवताओं में इन्द्र, इन्द्रियों में मन, भूतप्राणियों में उनकी ज्ञानशक्ति, ग्यारह रुद्रों में शंकर, यक्ष और राक्षसों में धन का स्वामी कुबेर, आठ वसुओं (अग्नि, पृथ्वी, वायु अन्तरिक्ष, आदित्य, डयुस, सोमा, नक्षत्रनी) **में अग्नि,** चोटी वाले पर्वतों में सुमेरु पर्वत, देवताओं के पुरोहितों में मुख्य पुरोहित बृहस्पति, सैनापतियों में महान सैनापति स्वामिकार्तिक, जलाशयों में समुद्र **मैं** ही हूँ। **हे अर्जुन!** महान ऋषियों में भृगु ऋषि, वचनों में एक अक्षर **ॐकार,** सभी प्रकार के यज्ञों में जपयज्ञ, स्थिर रहने वाले पर्वतों में हिमालय पर्वत, सब वृक्षों में पीपल का वृक्ष, देवऋषियों में नारदमुनि, गन्धर्वों (अथर्ववेदमें

६३३३ गन्धर्व बताये हैं) के मुख्य गन्धर्व चित्ररथ, सिद्धि प्राप्त मुनियों में कपिलमुनि, घोड़ों में अमृत से उत्पन्न होने वाला उच्चैःश्रवा नामक घोड़ा, हाथियों में ऐरावत नामक हाथी, मनुष्यों में राजा मुझको ही जानों। **हे अर्जुन!** युद्ध में उपयोग किये जाने वाले हथियारों में सबसे बड़ा हथियार बज्र, गायों में सबसे उत्तम गाय कामधेनु, शास्त्रों के नियम से संतान उत्पत्ति हेतु कामदेव, सर्पों में सर्पराज वासुकि, नागों में शेषनाग (नाग और सर्प अलग-अलग सर्पोंकी दो जातियाँ), जलीय प्राणियों में उनका संरक्षक वरुण देवता, पितरों में अर्यमा नामक पित्रेश्वर, सभी पर शाषन करने वाला यमराज, दैत्यों में प्रहलाद (दैत्य हिरण्यकश्यप का पुत्र), समय की गिनती करने वालों में समय, पशुओं में मृगराज सिंह और पक्षियों में गरुण **मैं** ही हूँ। **श्लोक १९-३० तक 10**

मैं पवित्र करने वालों में वायु, शस्त्रधारण करने वालों में राम (जन हित में शस्त्रों का प्रयोग करने वाले), मछलियों में विशाल जीव मगरमच्छ, नदियों में पवित्र नदी श्रीभागीरथी गंगा, श्रष्टियों का प्रारम्भ, अन्त, मध्य **मैं** ही हूँ। **हे अर्जुन! मैं** विध्धाओं में अध्यात्म अर्थात् ब्रह्मविध्धा, आपसी विवादों के निर्णय में कहे गये वाक्य, अक्षरों में **ॐकार,** अनेक बातों और अवस्था

का संक्षिप्त रुपमें स्पष्टीकरण, कालका महाकाल, सब जीवों को धारण व उनका पोषण करने वाला, सबका नाश करने वाली मृत्यु और आगे उनकी उत्पत्ति का कारण **मैं** हूँ। स्त्रियोंमें कीर्ति, श्री, मेधा, धृति, स्मृति क्षमा, वाक् **मैं** हूँ। (कीर्ति, श्री, मेधा, धृति, क्षमा राजादक्ष व उनकी एकपत्नी प्रसूती की पुत्रियाँ व धर्म की पत्नियाँ हैं व स्मृति महर्षि अंगीरस की पत्नी है और वाक् वेदों की माँ व प्रजापति की पत्नी है, **ये सभी अपने नामों के अनुरुप सत्तगुणों वाली हैं)** प्राणियों में महानता का भाव, वेदों के ज्ञान समूह का अनुभव, आकाश में बादल, दूध में घी, जीवों में छमा भाव, गायी गई उत्तम प्रार्थनाओं में बृहत्साम, छन्दों में गायत्री छन्द, बारह महीनों में माघ का महीना, ऋतुओं में वसन्त ऋतु **मैं** ही हूँ। **हे अर्जुन!** छल करने वालों में जुआ, प्रभावशाली पुरुषों का प्रभाव, जीतने वालों की विजय, निश्चय करने वालों का निश्चय, सात्विक पुरुषों का सात्विक भाव, वृष्णिवंशियों (यादवों के एक वंश का नाम) वासुदेव अर्थात् तुम्हारा मित्र **मैं**, पाण्डवों में धनंजय अर्थात् **तुम**, मुनियों में वेदव्यास, कवियों में कवि शुक्राचार्य, इन्द्रियों द्वारा अनुचित कार्यो के करने के आवेगों को रोकनेकी शक्ति, जीतने की इच्छा रखने वालों की नीति (सोच), गुप्त रखने योग्य बातों को न कहने से रोकने की छमता (चुप रहना), ज्ञान

रखने वालों का तत्वज्ञान **मैं** ही हूँ। **हे अर्जुन!** सबका उत्पन्न होने का कारण अर्थात् सभी चलायमान व स्थिर भूतों में **मैं** रहता हूँ। **हे परंतप!** (अपनी वीरता व आकर्षण से दुश्मनों को दुःख देने वाले होने से अर्जुन कहे गये हैं) मेरे अलौकिक गुणों का अन्त नहीं है, अपने इन वास्तविक गुणों को संक्षेप में कहा है **इसलिये हे अर्जुन!** जो भी प्रशन्सा करने वाली, सुन्दर लगने वाली और शक्ति रखने वाली वस्तुयें हैं वे मेरे तेज से ही उत्पन्न हुई हैं। **हे अर्जुन!** मेरे बारे में विस्तार से जानने की तुमको आवश्यकता नहीं है। इतना समझना ही ठीक है, **मैं** इस सम्पूर्ण संसार को अपनी योगमाया के एक अंश से ही व्यवस्थित किये हुये हूँ इसलिये मुझको ही तत्व से जानना चाहिये। **श्लोक ३१-४२ तक**

दसवाँ अध्याय " विभूतियोग " समाप्त

ग्यारहवाँ अध्याय "विश्वरुपदर्शनयोग"

पूरे संसार के सभीकुछ का एक साथ दर्शन

इस प्रकार भगवान् के वचनोंको सुन कर अर्जुन बोले, हे भगवन्! आपने मुझ छोटे पर कृपा करके मेरे कल्याण हेतु अपने गोपनीय रहस्य को मुझे समझाया है, उससे मेरे दिमाग का यह अज्ञान नष्ट हो गया है। **हे कमलनेत्र!** (कमल समान सुन्दर नेत्र) मैंने प्रलय (संसार नष्ट होना) और जीवों का जन्म लेने के बारे में तथा आपके न नष्ट होने वाले स्वरुप के प्रभाव को भी आपसे सुना है। **हे परमेश्वर!** आप अपने को जैसा कहते हैं यह ठीक ऐसा ही है, **परन्तु हे परुषोत्तम (सभी पुरुषों में श्रेष्ठ पुरुष)!** आपके ज्ञान, महत्व, वैभव, शक्ति, भार, आकर्षण, तेजस्वरुप को अपने सामने देखना चाहता हूँ, **इसलिये हे प्रभू!** (परमात्मा ने अद्रश्य होकर संसार की उत्पत्ति की, संसार को रोका व नष्ट किया इसलिये प्रभू कहे गये हैं) यदि आप ऐसा मानते हैं कि मैं आपका विराट रुप देखने की सामर्थ रखता हूँ, **तो हे योगेश्वर आप अपने कभी न नष्ट होने वाले स्वरुप का दर्शन कराइये।** श्लोक १-४ तक

इसप्रकार अर्जुन के प्रार्थना करने पर श्रीकृष्ण भगवान् बोले-**हे पार्थ!** मेरे सैकड़ों, हजारों अलग-अलग प्रकार के भागों व आकृतियों वाले इस पृथ्वी लोक के मनुष्यों से अलग के रुपों को देखो। **हे भरत वंश में जन्म लेने वाले अर्जुन!** केवल मेरे इस शरीर को ही तुम अपनी इन आँखों से देख सकते हो। मेरे अत्यधिक बड़े विशाल शरीर को जिसमें यह जगत् व सभी लोकों का सब कुछ समाया हुआ देखा जा सकता है, परन्तु इसे अपनी इन प्राकृतिक नेत्रों से नहीं देख सकते हो। अपनी वास्तविकता अपने सभी गुणों सहित दिखाने के लिये **मैं तुमको अलौकिक, दिव्यनेत्र देता हूँ,** इनसे इस संसारिकता के अतिरिक्त परमात्मा स्वर्ग से सम्बन्धित सब कुछ दिखाई पड़ता है। उससे तुम मेरे प्रभाव व योगशक्ति को देख सकते हो। **हे अर्जुन!** अबतुम मुझमें देवी आदितिके बारह पुत्रों आठ वसुओं, ग्यारह रुद्रों, दौनों अश्वनी कुमार, उन्त्रचास मरुद्गणों तथा अपने द्वारा पहले न देखे गये आश्चर्य चकित करने वाले रुपों को देखो। **हे गुडाकेश!** (निद्रा को जीतने के कारण अर्जुन को गुडाकेश कहा है) अब मेरे शरीर में एक जगह स्थिति हुये चलायमान जीवों सहित पूरे संसार को और जो भी देखना चाहते हो देखो। **श्लोक ५-८ तक 11**

महात्मा संजय (राजा धृतराष्ट्रका सारथी) ने राजा धृतराष्ट्र से कहा, हे राजन्! मनुष्य के सब पापों को नष्ट करने वाले महान् योगी भगवान् ने अर्जुन को अपना अत्यधिक बड़ा प्रभुत्व, महात्ता, वैभव, श्रेष्ठता से भरपूर रुप दिखाया। अर्जुन ने देखा कि भगवान् के अनेक मुख व आँखें हैं और अपने बहुत से हाथों में पृथ्वी से अलग प्रकार के बहुत शस्त्रों को लिये हुये व बहुत आभूषण पहने हुये हैं। शरीर पर अलग प्रकार के सुगन्धों का लेप किया हुआ है व मालायें और वस्त्रों को पहने हैं तथा शरीर सीमारहित, चेहरा अत्यधिक बड़ा व आश्चर्य पूर्ण लग रहा है। **संजय ने कहा, हे राजन्!** इनके सम्पूर्ण शरीर से निकली प्रकाश की चमक हजार सूर्य के प्रकाश की चमक से भी अधिक है। पाण्डुपुत्र अर्जुन ने देवताओं के भी देव भगवान् श्रीकृष्ण के शरीर में उस समय पूरे संसार को अलग-अलग भागों में एक जगह स्थित देखा। इस प्रकार से पूर्ण परमात्मा के दर्शन करके **अर्जुन पूरी तरह से प्रसन्न होकर सिर झुकाकर दौनों हाथों को जोड़कर प्रणाम करके बोला- श्लोक९-१४ 11**

हे देव! (हृष्टपुष्ट और बलवान, स्वर्ग में रहने वाला अमर प्राणी) आपके शरीर में सभी देवताओं को, जन्म ले चुके व आगे जन्म लेने वाले अनेक जीव समूहों

को, कमलके आसन पर बैठे ब्रह्माजीको, महादेव जी को, सभी ऋषियों को तथा स्वर्ग में रहने वाले सर्पो को मैं देख रहा हूँ। **हे सम्पूर्ण विश्व के स्वामी!** आपको मैं अनेक पेट, हाथ, मुख, नेत्रों सहित चारों तरफ अनन्त रुपों में देख रहा हूँ। **हे विश्वरुप!** (श्रीकृष्ण के मुखमें सम्पूर्ण विश्वका दर्शन माँ यशोदा को हुआ था) मैं आपका प्रारम्भ, मध्य और अन्त नहीं समझ कर पा रहा हूँ। केवल आपके इस वर्तमान विराट स्वरुप को ही देख रहा हूँ। **हे विष्णो!** आप सिर पर मुकुट, हाथ में चक्र और गदा लिये सब ओर से प्रकाशित जलते हुये आग का पुन्ज समान सूर्य की तरह किरणें निकालते हुये दिखाई पड़ रहे हैं। आपका शरीर इतना बड़ा दिखाई पड़ रहा है कि नापा नहीं जा सकता है। **इसलिये हे भगवन्!** मेरे विचार से आप ही लेखनी से अलग परम अक्षर अर्थात परब्रह्म परमात्मा हैं और आप ही पूरे जगत् को सहारा देने वाले हैं तथा आप ही प्रारम्भिक धर्म की रक्षा करने वाले हैं और आप ही कभी न नष्ट होने वाले सनातन पुरुष हैं। **हे परमेश्वर!** प्रारम्भ, अन्त, और मध्य से रहित, असीमित शक्ति से युक्त, अनन्त हाथों वाला, चन्द्रमा और सूर्य के समान नेत्रों (क्रोधित और शान्त भाव वाला), आग की लौ के समान मुखवाला और अपने तापक्रमसे जगत को गर्म करने वाला मैं आपको देख रहा हूँ। **हे महात्मन्!** यह

स्वर्ग और पृथ्वीके बीचका सम्पूर्ण आकाश तथा सब दिशाओं में आप ही **आ-पा** रहे हैं और आपके इस आश्चर्य जनक भयंकर रुप जो इस पृथ्वी लोक में नहीं देखा गया है, को देखकर तीनों लोक भयभीत होकर कष्ट का अनुभव कर रहे हैं। **हे गोविन्द!** (गौशाला के मालिक) वे सभी देवताओं का समूह आप में प्रवेश कर रहे हैं और कई देवता भयभीत होकर हाथ जोड़े हुये आपके नाम और गुणों का गान कर रहे हैं तथा महात्रऋषि गण और बुद्धिमान कठिन समस्याओं को हल करने वाले सिद्ध परुष उत्तम स्तुतियाँ कहकर आपसे कल्याण होने की प्रार्थना कर रहे हैं। **हे परमेंश्वर!** सभी देवतागण जो ग्यारह रुद्र, बारह आदित्य, आठ वसु, विश्वेदेव, अश्विनीकुमार, मरुद्गण, साधना करने वाले साधक और आकाश के देवताओं का समुदाय, गन्धर्व, राक्षस, यक्ष, सिद्धि प्राप्त साधुओं का समूह सबके सब आपको देखकर आश्चर्य चकित हैं। **हे महाबाहो!** (बहुत भुजाओं वाले) आपके बहुत से मुख, नेत्र बहुत हाथ, जाँघें, पैर, बहुतसे पेट तथा आपके बहुत जोड़ों वाले विकराल रुपको देखकर सभी लोग व्याकुल हो रहे हैं और मैं भी व्याकुल हो रहा हूँ **क्योंकि हे विष्णो!** अनेक रुपों के साथ बड़ा मुख खोले हुये चमकती हुई बड़ी आँखों के साथ आकाश तक छुआ व दमकता हुआ आपके विकराल

शरीर को देखकर मुझे भय लग रहा है और अन्दरसे अशान्ति व घबराहट हो रही है। **श्लोक १५-२४ तक**

11

हे भगवन्! आपके बहुत बड़े दाढ़ों वाले और प्रलय करने वाले अग्नि के समान दहकते हुये मुख को देखकर में दिशाओं को भूलते हुये सुख नहीं पा रहा हूँ। **इसलिये हे देवेश!** (देवताओं के राजा) **हे जगन्निवास!** (पूरे जगत निवासी) अब आप प्रसन्न हों। इस समय मैं धृतराष्ट्र के पुत्रों को अपने-अपने राजाओं के समुदायों के सहित आप में प्रवेश करते हुये देख रहा हूँ और भीष्मपितामह, द्रोणाचार्य, कर्ण तथा हमारे पक्षके मुख्य योद्धाओंके सहित सभी सैना बड़े वेग से आपके बहुत बड़ी दाढ़ों वाले मुखों में प्रवेश कर रहे हैं और कई एक पिसकर चर्ण समान होकर आपके दाँतों के बीच में चिपके हुये हैं। **हे विश्वमूर्ते!** (सब रुपों में व्याप्त) जिस प्रकार सभी नदियाँ वेग से समुद्र की तरफ बहती हुई उसमें प्रवेश कर जातीं हैं उसी प्रकार इन बहादुर सैनाओं का समुदाय आपके आगकी ज्वाला निकलते मुखों में प्रवेश कर रहे हैं अथवा पतंगे जिस प्रकार आग से मोह करने के कारण अपने को नष्ट करने के लिये बड़े वेग से जलती लौ में प्रवेश करते हैं, वैसे ही सभी लोग बड़े वेग से अपने को नष्ट करने के लिये आपके आग की लौ युक्त मुखोंमें प्रवेश

कररहे हैं और आप उन सम्पूर्ण लोकों को अपने आग की ज्वाला युक्त मुखों से लीलते हुये चारों तरफ से चाट रहें हैं। **हे विष्णो!** आपका क्रोधित तेज सम्पूर्ण संसार को अपने ताप के द्वारा बहुत ही गर्म कर रहा है। **हे भगवन्!** कृपया करके मुझे बताइये कि आप बहुत ही क्रोधित रुप वाले कौन हैं? **हे देवताओं में श्रेष्ठ!** आपको मैं नमस्कार कर रहा हूँ, आप प्रसन्न होइये, आरम्भिक स्वरुप वाले मैं आपको तत्व से जानना चाहता हूँ, क्योंकि आपके वास्तविक गुणों को मैं नहीं जानता हूँ। **श्लोक २५-३१ 11**

इस प्रकार अर्जुन के पूछने पर श्रीकृष्ण भगवान् बोले, हे अर्जुन! इस समय **मैं** लोकों का नाश करने वाला कालों का भी बढ़ा हुआ महाकाल हूँ, इस समय इन लोकों को नष्ट करने के लिये **मैंनें** अपना यह उग्र रुप धारण किया है, इसलिये धर्म आचरण के विरोध में विपक्षी सैना में जो योद्धा लोग हैं, वे तुम्हारे युद्ध न करने से भी मेरे द्वारा इनका नाश हो जायेगा। इसलिये तुम युद्ध के लिये खड़े हो और शत्रुओं को जीतकर यश प्राप्त करके धन, जमीन से सम्पन्न होकर राज्य का सुख भोगो। जिन शूरवीरों को मारने में तुम घबड़ा रहे हो ये सब के सब पहले से ही मेरे द्वारा मरे हुये हैं। **हे सव्यसाचिन्!** (बायें हाथसे बाण चलानेका अभ्यास

होनेके कारण अर्जुनका   नाम) ये द्रोणाचार्य, भीष्मपितामह, कर्ण, जयद्रथ और बहुत से शूरवीर योद्धा जो मेरे द्वारा मारे हुये हैं इनको मारने में तुम केवल अपना शरीर उपयोग करो, डरो मत, निसंदेह तुम अपने शत्रुओंको जीतोगे इसलिये युद्ध करो।

श्लोक ३२-३४ तक 11

इसके उपरान्त संजय (सारथी) ने राजा धृतराष्ट्र से कहा, हे राजन्! केशव (बड़े और सन्दर बाल वाले) भगवान् के वचनों को सुनकर, भयभीत होकर काँपते हुये दौनों हाथ जोड़कर नमस्कार करते हुये प्रसन्न बाणी से मुकुट पहने हूये **अर्जुन बोले, हे अन्तर्यामिन्!** (सबके मन की बात जानने वाले) यह अच्छा ही है कि आपके गुणों और कृपा का कीर्तन करके मनुष्य प्रसन्नता व आपका प्रेम प्राप्त करते हैं तथा राक्षस डरकर चारों दिशाओं में भाग जातें हैं और सब देवता समुदाय आपको प्रणाम करते हैं। **हे महात्मन्!** वे सभी देवता ब्रह्माजी को प्रणाम करते हैं सबसे बड़े आपको प्रणाम तो करेंगे ही। क्योंकि **हे अनन्त!** (बिना अन्त वाले) **हे देवेश! हे जगन्निवास!** (जगत में निवास करने वाले) जो सत्य, असत्य और उससे भी अलग का अक्षर सच्चिदानन्दघनब्रह्म है, वह आप ही हैं। **हे प्रभो!** आप ही प्रारम्भिक देव और

सनातन पुरुष, जगत् को पूरी तरहसे सहारा देने वाले और जगत् को जानने वाले हैं। आप ही सबको जानने योग्य व सबके लिये परमधाम हैं। **हे अनन्तरुप!** आपके द्वारा ही यह संसार भरा पूरा है। **हे हरे!** आप वायु, यमराज, अग्नि, वरुण, चन्द्रमा, जनता के स्वामी ब्रह्मा और ब्रह्मा के भी पिता हैं, आपके लिये हजारों वार प्रणाम, प्रणाम होवे, आपको फिर भी वारंवार प्रणाम, प्रणाम होवे। **हे अनन्त सामर्थ वाले!** आपके लिये आगे से और पीछे से भी प्रणाम होवे। **हे सर्वात्मन!** आपके लिये चारों तरफ से प्रणाम होवे, क्योंकि आप पराक्रमी हैं और पूरे संसार को अपने में समाये हुये हैं इसलिये सबरुपों में आपही हैं। **हे परमेश्वर!** मैं आपके इस बहुत बड़े असीमित प्रभाव को न जानने के कारण आपको अपना मित्र अपनी तरह का ही समझता था इसलिये **हे कृष्ण! हे यादव! हे मित्र!** प्रेम से या हँसी मजाक में जिद में कुछ कह दिया हो और **हे अच्युत!** (गल्ती न करने वाले) हँसने खेलने के समय, सोते समय, बैठे समय, अकेले खाना खाते समय अथवा उन सखाओं के सामने कुछ अपमान किया हो वे सभी मेरे द्वारा किये गये बड़े से बड़े (अचिन्त्य प्रभाव वाले अपराध) आपसे छमा कराना चाहता हूँ। **हे विश्वेश्वर!** (ब्रह्माण्ड का मालिक) आप इस चलायमान जगत् के गुरु से भी बड़े गुरु और

अतिपूज्यनीय हैं। **हे अतिशय!** (आवश्यकतासे अधिक) प्रभाव वाले तीनों लोकों में आपसे अधिक प्रभावशाली कोई नहीं है **इसलिये हे प्रभू!** आप ईश्वर को प्रसन्न करने के लिये आपके चरणों में अपना सिर रखकर आपकी पूजा वंदना करता हूँ। **हे देव!** (बहुत बलशाली) जिस प्रकार पिता अपने पुत्र को, मित्र अपने मित्रको और पति अपनी प्रिय पत्नी के अपराध सहने की छमता रखते हैं उसी प्रकार आपभी मेरे अपराध सहन करनेमें सक्षम हैं। **हे विश्वमूर्ते!** पहले कभी आपके इस आश्चर्यजनक रुप को न देखने के कारण मैं बहुत हर्षित होने के साथ, मेरा मन भय से व्याकुल भी हो रहा है **इसलिये हे देव!** आप अपने उस चतुर्भुज रुप को ही मुझे दिखाइये। **हे देवेश! हे जगन्नाथ!** प्रसन्न होइये। **हे विष्णो!** मैं उसीप्रकार आपको मुकुट धारण किये हुये हाथों में चक्र और गदा लिये हुये देखना चाहता हूँ। इसलिये **हे विश्वरुप! हे सहस्त्र बाहो!** (हजारों भुजा) आप उस चतुर्भुजरुप में ही आ जाइये। **श्लोक ३५-४६ तक 11**

इस प्रकार अर्जुन की प्रार्थना को सुनकर श्रीकृष्ण भगवान् बोले, हे अर्जुन! (तुम छोटे पर प्रसन्न होकर) मैंने अपनी योगशक्ति के प्रभाव से यह तेजोमय, सबका प्रारम्भ, अन्त और सीमारहित विराट रुप

तुमको दिखाया है, मेरा यह रुप तुमसे पहले किसीने नहीं देखा है। **हे अर्जुन!** मेरा यह विश्वरुप दर्शन मनुष्य लोक में न वेद और यज्ञ कर्मो के अध्ययन से, न दान से, न योग क्रियाओं से, न बड़े-बड़े तपों के करने से देखने को नहीं मिल सकता है। मैं तुमको शंख, चक्र, गदा, कमल सहित चतुर्भुज रुप फिर दिखा रहा हूँ, देखो! जिससे पहले का मेरा विकराल रुप देखकर तुम्हारी घबराहट और चिन्तित भाव समाप्त हो जायें और मुझसे प्रेम होकर तुम्हारा भय समाप्त हो जाये। **उसके बाद में उधर सारथी महात्मा संजय बोले, हे राजन्!** वासुदेव भगवान् ने अर्जुन को अपना चतुर्भुजरुप फिर से दिखाया और महात्मा कृष्ण ने (सच्चे प्रतीत) होकर इस भयभीत हुये अर्जुन को धीरज दिया। **श्लोक ४७-५० तक 11**

उसके उपरान्त अर्जुन बोले, हे जनार्दन! आपको इस अति शान्त मनुष्यरुप में देखकर शान्तचित्त हुआ हूँ और अपने पहले जैसी सामान्य स्थित में आ गया हूँ। **इसप्रकार अर्जुन की बातों को सुनकर श्रीकृष्णभगवान् बोले, हे अर्जुन!** मेरा यह जो चतुर्भुजरुप तुमने देखा है यह कभी-कभी विशेष स्थित में देखने को मिलता है, क्योंकि देवतागण मेरे इस रुप को देखने के लिये लालायित रहते हैं। **हे**

अर्जुन! जैसा चतुर्भुजरुप तुमने देखा है, यह रुप जप करने, तप करने, दान देने और यज्ञ करने से भी नहीं देखा जा सकता है। **परन्तु भक्ति करने में श्रेष्ठ अर्जुन!** मेरी अनन्य भक्ति द्वारा मनुष्य मुझे तत्व से जान सकता है और मेरा चतुर्भुजरुप का दर्शन कर सकता है तथा मुझे पाकर मुझमें विलय हो सकता है।

हे अर्जुन! अनन्य भक्ति में मनुष्य मुझमें ही पूर्ण निष्ठा विश्वास रखकर सब कुछ मेरा समझते हुये यज्ञ, दान, तप आदि सभी कार्यों को करता हुआ मेरी प्राप्ति के लिये सदैव तैयार रहता है तथा मेरे नाम, गुण, प्रभाव और रहस्यों को सुनता है, विचार करता है, व्याख्या करता है या भजनों द्वारा गाता है, ध्यान करता है और पढकर-लिखकर प्रेमपूर्वक बिना किसी इच्छा के सदैव अभ्यास में रहता है और स्त्री, पुत्र, धन संसारिक पदार्थोंमें लगाव न रखते हुये सम्पूर्ण मृतक व आगे आने वाले प्राणियों से वैर नहीं रखता है। इसप्रकार का अनन्य भक्ति वाला पुरुष मुझको ही प्राप्त होता है। श्लोक ५१-५५

ग्यारहवाँ अध्याय "विश्वरुपदर्शनयोग" समाप्त

बारहवाँ अध्याय "भक्तियोग"

भगवान की भक्ति से आन्तरिक विकास

इस प्रकार भगवान् के वचनोंको सुनकर अर्जुन ने पूँछा, हे मनमोहन! पूरी तरह केवल आपसे सम्बन्ध रखने वाले भक्त जन सब कुछ आपका समझते हुये यज्ञ, दान और तप आदि सम्पूर्ण कर्मों को करते हुये आपके प्रति पूर्ण विश्वास रखकर आपकी भक्ति करते हैं और आपके नाम, गुण, प्रभाव, और रहस्यों को सुनते हैं, मनन करते हैं, कीर्तन द्वारा गाते, पढ़ते और लिखते हैं और बिना फल की इच्छा से हमेशा आपकी भक्ति में अभ्यासरत रहते हैं। इसप्रकार बड़े शुद्ध भाव से आपकी सगुणरुप में भक्ति करते हैं। **दूसरे प्रकार के भक्त** अविनाशी सच्चिदानन्दघन, निर्गुणब्रह्म (निराकार) का ध्यानयोग के द्वारा अभ्यास करके आपकी भक्ति करते हैं। **इन दौनों प्रकार के भक्तों में आपके अनुसार श्रेष्ठ भक्त और ज्ञानी कौन होता है?** इसके बाद भगवान् श्रीकृष्ण ने **सगुण भक्ति और निर्गुण भक्ति के बारे में अर्जुन को समझाया, हे अर्जुन!** जो भक्त अपने हृदय से मुझमें विश्वास करके मुझ सगुण ब्रह्मके नाम, रुप-रंग,

गुणों, महिमा, कृपा, रहस्योंको पढ़कर, लिखकर, सुनकर, सुनाकर, गाकर, मनन करके आनन्द प्राप्त करते हैं और सबकुछ मेरा समझते हुये अपने मनुष्य शरीर का उपयोग यज्ञ, दान, तप आदि कर्म करने में करते हैं व केवल मुझसे ही अति श्रद्धाभाव से प्रेम रखते हैं। इस प्रकार की सगुण भक्ति करने वाले भक्त मेरे लिये योगियों में भी अति उत्तम योगी होते हैं अर्थात् **मैं** उनको अति श्रेष्ठ मानता हूँ। जो भक्त अपनी पाँचों ज्ञानइन्द्रियों व पाँचों कर्म इन्द्रियों के वश में अपने मन को करके मन की कल्पना और बुद्धि की सोच क्षमता से अलग, सभी जगह व्याप्त, रंग-रुप के वर्णन से रहित, सदा एक समान स्थिर रहने वाले, **निराकार**, नष्ट न होने वाले, अन्दर बाहर सच्ची शान्ति देने वाले परमात्मा को प्रत्येकक्षण केवल शान्ति प्राप्त भावसे ध्यान करते हैं और इस जगत् में उत्पन्न हो चुके व आगे उत्पन्न होने वाले प्राणियों के हित में कार्य करते हुये और सभी में समान भाव रखने वाले योगी पुरुष भी मुझे प्राप्त होते हैं। परन्तु इस प्रकार से निराकार ब्रह्म की साधना करने वाले पुरुषों द्वारा किये गये साधनों में कष्ट अधिक होता है अर्थात बहुत परिश्रम करना पड़ता है क्योंकि मनुष्य अपने शारीरिक अभिमान को त्याग नहीं पाते हैं। (अपनी रोजी, रोजगार की व्यस्थता, परवारीजनों से मोह

ममता, आर्थिक संकट या ज्यादा धन में उलझने के कारण **मन** का इन्हीं सब संसारिक कार्यों व पदार्थों के पीछे दौड़ने के कारण सच्चिदानन्दधन ब्रह्म में जुड़ना कठिन हो जाता है।) मुझमें पूरी तरह से आस्था रखने वाले भक्त अपने द्वारा किये गये कार्यों को मेरे द्वारा किये गये कार्य मानकर मुझ सगुण रुप परमेश्वर में तेलधारा के समान (तेल को धार बाँधकर कि उसकी धार न टूटे, एक स्थानसे दूसरे स्थान तक ले जाने में जितना घ्यान और सावधानी रखना पड़ती है) ध्यान योग से प्रत्येक समय चिन्तन-मनन करते हुये भजन अभ्यास करते हैं। **हे अर्जुन! जो भक्त पूरी तरह से मेरी भक्ती में चूर होकर संसारीजनों से आसक्ति त्यागकर मेरे नाम का कीर्तन, भजन, मनन करने में अपना समय व्यतीत करते हैं उन प्रेमी भक्तों का मैं इस मृत्युलोक संसार से उद्धार कर देता हूँ।**

श्लोक १-७ तक 12

इसलिये हे अर्जुन! तुम अपने मन और बुद्धि को मेरे चिन्तन व मेरी आज्ञा में लगाओ, ऐसा करने पर तुम अपने आपको प्रत्येक समय मेरे साथ ही पाओगे। इसमें किसी प्रकार का संदेह मत करो। यदि तुम अपने मन को स्थाई रुप से मेरे में नहीं लगा सकते हो, **तो हे अर्जुन!** मुझको प्राप्त करने की इच्छा से

भगवान् के नाम और गुणों को वार-वार अभ्यास हेतु सुनो, मनन करो, कीर्तन करो तथा भगवान् प्राप्ति विषयों का पठन-पाठन करो। यदि तुम इस अभ्यास को करनेमें भी असमर्थ हो तो तुम अपने हित को भूलकर परमात्मा को महान् आश्रयदाता व शुभचिन्तक समझकर निष्काम भाव से सती शिरोमणि, पतिव्रता स्त्री की तरह अपने मन, वाणी और शरीर द्वारा परमेश्वर के लिये ही यज्ञ, दान, तप आदि सभी कर्तव्यों को करो। इसप्रकार मुझे प्राप्ति वाले फल कर्मो को करने से निश्चय रुप से मुझे ही प्राप्त करोगे और यदि इसको भी करने में असमर्थ हो तो अपने मन पर नियन्त्रण रखो, इसके लिये तुम अपने जीवन के **सभी कर्म** भोजन करना, दान करना, हवन करना, धर्मानुसार तप करना आदि सब मुझमें अर्पण समर्पित कर दो। क्योंकि बहुत समझाने पर यदि सच्चाई समझ में नहीं आती है तो शास्त्रों को पढ़ने व सुनने से **परमेंश्वर के स्वरुप का जो परोक्ष (अनुमानित) ज्ञान होता है वही श्रेष्ठ है।** इस अनुमानित स्वरुप का श्रद्धा, प्रेम तथा निष्काम भाव से ध्यान करके भगवत् प्राप्ति के कर्म किये जाते हैं तोभी ऐसे मनुष्यको परम शान्ति प्राप्ति होती है।**श्लोक ८-१२ तक 12**

इसप्रकार के भजन अभ्याससे शान्ति प्राप्ति **जो मनुष्य** सभी भूत प्राणियों से निःस्वार्थ भाव रखकर स्नेह और बिना किसी लोभ से सबके प्रति दया भाव रखता है तथा ममता और अहंकार से रहित होकर सुख-दुःख की प्राप्ति में समान रहता है और अपराध करने वालों को भी क्षमा करने वाला हो जाता है **व** मुझ परमात्मा पर पूरा विश्वास करके ध्यान में अभ्यस्थ होकर अपने मन को इन्द्रियों के वश में करके प्रत्येक समय लाभ-हानि होने पर एक समान सन्तुष्ट रहता है तथा अपने मन-बुद्धि को मेरे मेंही लगाकर रखता है। मेरा ऐसा भक्त मुझे प्रिय होता है। मेरा जो भक्त किसी जीव पर क्रोध नहीं करता और न ही वे जीव उसके शान्त स्वभाव के कारण उस पर क्रोध करते हैं तथा दूसरे की उन्नति से दुःखी नहीं होता और वह भय, प्रसन्नता, क्रोध के भाव से रहित है, ऐसा भक्त भी मुझे प्रिय होता है। जो मनुष्य संसारिक इच्छाओंसे रहित होकर अपने हृदय को प्रेम, घृणा, कपट आदि विकारों से रहित करके अन्दर से निर्मल हो गया है और अपने सत्यता पूर्वक शुद्ध व्यवहार से द्रव्यों का उपयोग करके, शुद्ध अन्न के सेवन से, यथायोग्य बर्ताव से अच्छा आचरण बनाकर, जल-मिट्टी द्वारा शरीर को बाहर सेभी निर्मल करके अपने आपको समझदार बनाया है। इस पृथ्वी पर जन्म लेकर अपने कार्यो को

पूरा करचुका है, अपनों-परायों में पक्षपात नहीं करता है, संसारिक दुःख समस्याओं से बचा है तथा पूर्व जन्म या पूर्व काल में किये गये अच्छे कर्मो के कारण अच्छे स्वभाव वाले कर्म किये जाने पर अभिमान न करने वाले भक्त मुझे प्रिय होते हैं। जो मनुष्य न कभी प्रसन्न होता है, न कभी घृणा करता है, न चिन्ता करता है, न कुछ पाने की इच्छा करता है, जो शुभ-अशुभ कर्म करने पर उनके फल की चिन्ता नहीं करता है, इसप्रकार की भक्ति करने वाला मनुष्य मझे प्रिय लगता है। जोपुरुष शत्रु-मित्रके साथ व अपना मान-अपमान होने पर समान स्थित में रहता है, सर्दी-गर्मी सुख-दुःख के समय में व्याकुल नहीं होता है और संसार में स्नेह रखते हुये आसक्त नहीं होता है, जो अपनी निन्दा व बड़ाई में समान रहने वाला तथा ईश्वर के स्वरुप का मनन करने वाला होता है एवं किसी भी प्रकार से जीवन जीने पर सन्तुष्ट रहता है और रहने के स्थान से मोह नही रखता है, इसप्रकार का स्थिर बुद्धि वाला भक्त पुरुष मुझे प्रिय होता है। जो भक्त पूरी तरह से केवल मेरी भक्ति करके मुझको सबसे बड़ा आश्रय देने वाला और परमगति पर पहुँचाने वाला समझकर और सभी का आत्मरुप तथा सबसे अलग प्रकार का परम पूज्यनीय मानकर बिना लोभ-लालच के मेरी प्राप्ति के लिये वेद, शास्त्र, महात्मा, गुरुजनों

एवं परमात्मा के वचनों में पूर्ण रुप से विश्वास करके उनको सुनते हैं वे भक्त मुझे बहुत ही प्रिय होते हैं। श्लोक १३-२०

बारहवाँ अध्याय "भक्तियोग" समाप्त

तेरहवाँ अध्याय "क्षेत्रक्षेत्रज्ञविभागयोग"

कर्म के महत्व व लाभ-हानि

इसके पश्चात् श्रीकृष्ण भगवान् अर्जुन को शरीर के बारे में समझाते हुये बोले, हे अर्जुन! यह शरीर खेत के समान कार्य करता है, जिस प्रकार खेत बोये हुये बीज के अनुसार फल देता है, उसीप्रकार यह शरीर जिस प्रकार के **संस्कार और वातावरण रुपी बीजों** के सम्पर्क में रहता है समय आने पर उसी प्रकार के परिणाम रुपी फल इस शरीर द्वारा सब के सामने दिखाई पड़ते हैं **इसलिये ज्ञानीजनों ने इस शरीर को क्षेत्र कहा है और इस शरीर रुपी क्षेत्र को विस्तार से जानने वाले को क्षेत्रज्ञ कहा है। हे अर्जुन!** शरीर में रहने वाली जीवात्मा ही अपने अन्दर के (क्षेत्र) में बोये हुये संस्कार और वातावरण रुपी बीजों को जानती है अर्थात् प्रत्येक मनुष्य स्वयं अपने अन्दर की बुराई व अच्छाई को जानता है **अतः जीवात्मा ही (क्षेत्रज्ञ) हुई और मैं ही सभीके शरीरों में जीवात्मा के रुपमें रहता हूँ इसलिये सभी का क्षेत्रज्ञ मुझको जानों** अर्थात मैं सबके अन्तःकरण की बुराइयों व अच्छाइयों को जानता हूँ। मेरा ऐसा

विचार है कि तुम्हारे लिये बहुत ही कम सीमित समय वाला सम्पूर्ण जगत् में मिलने वाले संसारिक पदार्थों (माया) के सुख थोड़ेसे समय तक ही आनन्द देते हैं कुछ घड़ी बाद उनसे आनन्द का अनुभव नहीं मिलता तब वही भोग अरुचिकर लगने लगता है। सुख के साधन प्रत्येक क्षण अपने साथ नहीं रख सकते हो, सुख देने वाले साधन कभी भी साथ छोड़ सकते हैं परन्तु आपकी जीवआत्मा सदा आपके शरीर के साथ रहती है, यह प्रत्येक समय क्रियाशील रहती है, इसमें कोई विकार न होने के कारण यह हमेशा सही मार्गदर्शन देती है, यह किसी भी प्रकार से नष्ट नहीं होती है, यह प्रत्येक स्थित में पवित्र रहती है, इसका अनुभव व ज्ञान प्राप्त किया जा सकता है, **यह अन्दर व बाहरसे सच्ची शान्ति देनेवाले सच्चिदानन्दघन परमात्माका सबसे प्रारम्भिक अंश है,** इसप्रकार सभी मायावी संसारिक सुखों का त्याग करके परमपुरुष परमात्मा में एकाग्रचित होकर **परमात्मा में स्थायी रुप से स्थित का नाम "तत्व को जानना" है।** यह शरीर (क्षेत्र) जैसा भी जिन विकारों वाला है और जिन कारणों से इसमें विकार उत्पन्न होते हैं तथा यह जीवात्मा (क्षेत्रज्ञ) जैसी भी जिस प्रभाव वाली हो जाती है, **इसको संक्षेप में मुझसे सुनों।** इस शरीर और जीवात्मा के तत्वों का वर्णन ऋषियों द्वारा बहुत

प्रकार से समझाया गया है तथा नाना प्रकार के वेदमंत्रों द्वारा इनको विभागों में बाँटकर वर्णन कियागया है और ब्रह्मसूत्र के पदोंमें उपयुक्त उपायों के साथ भी इसी प्रकार कहा गया हैं। **हे अर्जुन!** वही सबकुछ तुमको समझाता हूँ। **पाँच महाभूत** (इससे पहले कुछ भी नहीं था) वायु, जल, अग्नि, पृथ्वी और आकाश; **तीन सूक्ष्म भाव** अहंकार, बुद्धि और (सात्विक, राजस, तामस) मायावी तीन गुण; **पाँच ज्ञानइन्द्रियाँ** आँख, कान, नाक, जीभ व त्वचा **पाँच कर्मइन्द्रियाँ** हाथ, पैर, गला, उपस्थ व गुदा; **एक मन**; **ज्ञान इन्द्रियों के पाँच विषय** रुप, शब्द (ध्वनि), गन्ध, रस (स्वाद) व स्पर्श (छूने का अनुभव); **एक मुख्य तत्व चेतनशक्ति (जीवात्मा)** और **इस शरीर के चार विकार** राग-द्वेष, सुख-दुःख हैं। **इसप्रकार इस शरीर रुपी क्षेत्र में पच्चीस तत्व व चार विकार हैं जो मैंने संक्षेप में बताये हैं। श्लोक १-६ तक 13**

हे अर्जुन! मनुष्य में **आत्मिक ज्ञान** बढ़ने पर यह गुण प्रकट होने लगते हैं, श्रेष्ठता के गुण आने पर श्रेष्ठ गुणों का अभिमान नहीं होता है, अहंकारी विचार नहीं होते हैं, किसी जीव को कष्ट देने की इच्छा नहीं होती है, छमा करने के भाव आते हैं, मन, वाणी में मिठास व सरलता होती है, श्रद्धा भाव से गुरु की सेवा भक्ति

होने लगती है। मनुष्य अपने अन्दर के दुर्गुणों को दूर करके अन्दर से शुद्ध व जल-मिट्टी अथवा जल-साबुन का उपयोग करके बाहर से शरीर को शुद्ध रखता है। अन्दर से शान्तचित रहता है, मनको इन्द्रियोंके वश में करके शरीर को नियन्त्रण में रखता है, इस लोक और परलोक के सुखों में आसक्ति और सुख मिलने पर अहंकार नहीं होता है, जन्म लेना व मृत्यु होना व बूढ़ा होने तथा रोग आदि के होने वाले दु:खों का वार-वार विचार नहीं आता है, पुत्र, स्त्री, घर, धन आदि में आसक्ति व ममता नहीं होती, प्रिय व अप्रिय घटित होने पर मन में समानता रहती है व शोक व प्रसन्नता के बारे में नहीं सोचता। मुझ परमेंश्वर की एकाग्रचित होकर ध्यानयोग के द्वारा अव्यभिचारणी भक्ति करता है। केवल एक सर्वशक्तिमान् परमेंश्वर को ही अपना स्वामी मानते हुये, स्वार्थ और अभिमान को त्याग करके श्रद्धा और भाव सहित परम प्रेम से भगवान् का निरंतर ध्यान करना अव्यभिचारणी भक्ति (अविचलित भक्ति) होती है। अपनी आत्मा की उन्नति करने वाला पुरुष एकान्त में निर्मल मनुष्यों के स्थान पर रहना पसन्द करता है तथा विषयभोगों में लिप्त मनुष्योंका समूह उसको रुचिकर नहीं लगते हैं। प्रत्येक समय आत्मा से सम्बन्धित वस्तुओं और विचारों (हृदय की शान्ति) में

रहता है तथा हृदय को अशान्त करने वाली वस्तुओं व विचारों का अनुभव होने पर उससे अलग हो जाता है। इसप्रकार वह अध्यात्म ज्ञान से जुड़ा रहता है तथा प्राकृतिक तत्वों का अनुभव करते-करते परमात्मा रुपी शान्ति का सभी जगह आनन्द लेता है। **यह सब आत्मा का ज्ञान है इस ज्ञान का अन्त नहीं है, इसके विपरीत सभी ज्ञान अज्ञान की श्रेणी में आते हैं।** इन अज्ञान का विस्तार बढ़ाने पर मनुष्य का पतन होता है व अन्दर से अशान्त रहता है परन्तु अज्ञानता के कारण इस अशान्तिरुपी कष्ट को समझ नहीं पाता है। **श्लोक ७-११   13**

हे अर्जुन! परमानन्द को प्राप्त करने के लिये जो ज्ञान है उसको **मैं** अच्छी प्रकार से कहूँगा, परम ब्रह्म का प्रारम्भ नहीं है और इसे न सत्य कहा जा सकता है न असत्य परन्तु वह सभी तरफसे मुख नेत्र, कान, सिर तथा हाथ-पैर वाला है। जिस प्रकार आकाश स्थिर होकर वायु, जल, अग्नि, पृथ्वी को अपने में व्याप्त किये है उसी प्रकार परमात्मा स्थिर होकर सम्पूर्ण चराचर जगत् को अपने में व्याप्त किये है। वह सम्पूर्ण इन्द्रियों के कार्यों, गुणों व अनुभवों को जानने वाला होता है परन्तु स्वयं सभी इन्द्रियों से रहित है तथा वह आसक्ति रहित व गुणों से अलग होते हुये भी अपनी योगमाया

से सबको अपने में व्याप्त रखकर सभी का पोषण करता है और सभी गुणों को भोगताभी है। जन्म ले चुके व आगे जन्म लेने वाले सभी जीवधारी उस परमात्मा में समाहित है। (जिस प्रकार आम के बीज गुठली में आम का पूरा वृक्ष समाहित होता है) उसी प्रकार परमात्मा से सभी जीवधारी उत्पन्न होते हैं। परमात्मा जाना पहचाना नहीं जा सकता है। अर्थात जिस प्रकार सूर्य की किरणों में **सूक्ष्म जल** साधारण मनुष्यों को दिखाई नहीं पड़ता है, उसीप्रकार सर्वव्यापी परमात्मा सूक्ष्म होनेके कारण जन साधारण मनुष्योंके जाननेमें नहीं आता है। वह परमात्मा सभी में आत्मा रुप होने के कारण सभी के निकट होता है और वही परमात्मा श्रद्धा रहित और अज्ञानी पुरुषों के न जानने के कारण उनसे बहुत दूर होता है। परमात्मा विभाग (इसी अध्याय में ऊपर बताये गये पच्चीस तत्व व चार विकार) रहित होते हुये भी आकाश के समान अलग-अलग घड़ों के जल में प्रतिबिम्ब रुप स्थित होने के अनुसार सभी प्राणियों में अलग-अलग स्थित प्रतीत होता है। वह जानने योग्य परमात्मा भगवान् ब्रह्माजी के रुप में सबका जन्म कराता है, भगवान् विष्णु के रुप में सभी का ध्यान रखकर पोषण करता है तथा भगवान् शंकर रुद्ररुप लेकर सभी को मृत्यु देते हैं। उस परमात्मा के तेज के कारण सूर्य, चन्द्रमा व अग्नि

अपने-अपने गुण प्रकट करते हैं। इसप्रकार परमात्मा की ज्योति सभी ज्योतियों की ज्योति व माया से बिलकुल अलग होती है तथा वह परमात्मा स्मरणमें रहने व जानने योग्य होता है। परमात्मा को तत्वज्ञान से प्राप्त किया जा सकता है तथा सभी के हृदय में निवास करता है। **हे अर्जुन!** इसप्रकार मैंने तुमको शरीर के क्षेत्र, शरीर के विभाग व परमात्मा के स्वरुप को संक्षेप में बताया है। इसको जानकर मेराभक्त मुझको प्राप्त करता है।**श्लोक१२-१८ 13**

हे अर्जुन! प्रकृति अर्थात् सात्विक, राजस, तामस तीन गुणों से युक्त मेरी संसारिक माया और **जीवात्मा जो शरीर के विभागों (तत्त्वों) को जानती है, यह दोनों ही अनादि हैं अर्थात् इनसे पहले कुछ प्रारम्भ नहीं हुआ था।** इच्छा, द्वेष, सुख, दुख विकार और सात्विक, राजस, तामस गुणों से युक्त सभी पदार्थ प्रकृति से उत्पन्न हुये हैं। वायु, जल, अग्नि, पृथ्वी व आकाश तथा रस, रुप, गन्ध, स्पर्श व शब्द इन दस तत्त्वों से कार्य होते हैं तथा नाक, कान, आँख, जीभ, त्वचा, गला, हाथ, पैर, उपस्थ, गुदा, बुद्धि, अहंकार और मन यह तेरह तत्त्व कार्यों से प्रभावित होते हैं इसलिये यह तेरह तत्त्वोंके अपने-अपने कारण हैं। प्रकृति के कारण ही ये कार्य और कारण उत्पन्न हुये हैं

और जीवात्मा इन कार्य और कारण के क्रिया-कलापों से प्रकट सुखों-दुःखों को भोगती है परन्तु सात्विक, राजस, तामस गुणोंमें स्थित होकर पुरुष सात्विक, राजस, तामस प्रकार के पदार्थों का सेवन करता है। जिससे जीवात्मा को सात्विक, राजस या तामस तीन गुणों का साथ मिलता है और उन्हीं गुणों के अनुसार वह अच्छी व बुरी योनियों में जन्म लेता है। वास्तव में यह **चेतन आत्मा** इस शरीर में स्थित होने पर भी इन तीन गुणों सात्विक, राजस व तामस माया से हमेशा अलग ही रहती है, केवल साक्षी होने के कारण मार्गदर्शन देती है। मनुष्य के हित में समझ देने के कारण शुभचिन्तक होती है तथा सभी मनुष्यों के धारण करने के कारण भगवान् कहा जाता है। यह चेतन आत्मा जीवरुप में होने से सुख-दुःख भोगने वाली कही गई है और ब्रह्मा आदि का स्वामी होने के कारण महान् ईश्वर कहा गया है तथा सच्चे माने में शान्ति देने के कारण परमात्मा कहा है। जो मनुष्य जीवात्मा और प्रकृति सात्विक, राजस व तामस गुणों को तत्व से जानता है अर्थात् सम्पूर्ण जगत् के सभी मायावी कार्यों को थोड़े समय में नष्ट होने वाले, नाशवान्, जड़ व प्रत्येक क्षण न रहने वाला और जीवात्मा को प्रत्येक समय साथ में रहने वाली, चेतन क्रियाशील, विकार रहित, नष्ट न होने वाली, पवित्र,

अनुभव में आने वाली, सच्ची शान्ति देने वाली परमात्मा का अंश है। जो मनुष्य इसप्रकार ध्यान योग के द्वारा अपने अनुभव में लेकर विश्वास जमा लेता है कि यह आत्मा सत्य है। ऐसा मनुष्य संसार के सभी कर्मइन्द्रियों द्वारा यथार्थ कार्य करके तथा ज्ञानइन्द्रियों से उनके यथार्थ रसों रुप, रस, गन्ध, स्पर्श, ध्वनि को भोगते हुये दोबारा जन्म नहीं लेता है। **हे अर्जुन!** उस आत्मा में छुपे परमात्मा को कितने ही मनुष्य अपनी सूक्ष्म बुद्धि को शुद्ध करके ध्यानयोग के द्वारा अपने हृदयमें देखते हैं तथा कितने स्वाध्याय करके ज्ञान के द्वारा परमात्मा को समझते हैं और इससे ऊपर कितने मनुष्य निस्वार्थ भाव से बिना शुभ-अशुभ फल की इच्छा से सेवा करके परमात्मा का सुख प्राप्त करते हैं। इनके अतिरिक्त कम समझ वाले मनुष्य, वे स्वयं न समझने के कारण, भगवान् को तत्त्व से जानने वाले मनुष्यों द्वारा सुनने के अनुसार श्रद्धा सहित उपासना करते हैं, तो उनका भी इस मृत्यु वाले संसार से उद्धार हो जाता है। **हे अर्जुन!** इस शरीर में प्रकृति के चौबीस तत्वों और पच्चीसवाँ तत्व जीवात्मा के संयोग से कर्म करने पर स्थिर और चलायमान भाव व गुण प्रकट होते हैं तथा सम्पूर्ण जगत का विस्तार होता है, परन्तु सम्पूर्ण जगत् का सभी कुछ अल्प समय में नष्ट होने वाला होता है। **श्लोक १९-२६ तक 13**

इस प्रकार जो मनुष्य नष्ट होनेवाले संसारिक जड़, चेतन जीवों में केवल परमेंश्वर को समान भाव से स्थित देखता है क्योंकि वह अपने शरीर को नष्ट हुआ जानते हुये भी स्वयं अपनी आत्मा का नाश नहीं मानता है और अपने आपमें भी परमेंश्वर को समान स्थित में देखता है इससे वह परम गति को प्राप्त होता है अर्थात जाने के बाद दोबारा मनुष्य शरीर प्राप्त नहीं करता है। जो मनुष्य सम्पूर्ण (शुभ) कर्मों को करना ईश्वर की कृपा मानता है और इस बात को तत्त्व यानि गहाराई से समझ लेता है कि ईश्वर से ही उत्पन्न सम्पूर्ण ज्ञान इन्द्रियों के रसों के अनुभव (गुण) स्वयं ईश्वर ही अपने मनुष्य शरीर के द्वारा भोगता है और अपनी आत्मा को अकर्ता मानता है। तथा जिस समय यह मनुष्य सभी जीवों के अलग-अलग भाव में परमात्मा अनुभूति करता है और उसी परमात्मा द्वारा सम्पूर्ण भूत प्राणियों का विस्तार देखता है, उस समय वह मनुष्य परमात्मा की स्थाई आन्तरिक शान्ति प्राप्त करता है। **हे अर्जुन!** अनादि और सभी गुणों से युक्त होने पर भी यह परमात्मा शरीर में स्थित होकर भी स्वयं कुछ नहीं करता है और न ही किसी गुणमें मिलता है। जिस प्रकार सभी जगह व्याप्त आकाश सूक्ष्म होने के कारण वायु, जल, अग्नि, पृथ्वी में मिश्रित नहीं होता है उसीप्रकार पूरे शरीर में स्थित आत्मा

सूक्ष्म होनेके कारण शरीरके गुणों में मिश्रित नहीं होती हैं। **हे अर्जुन!** जिसप्रकार एक सूर्य सम्पूर्ण ब्रह्माण्ड को प्रकाशित करता है उसी प्रकार शरीर में आत्मा शरीर के पूरे विभागों क्षेत्र को प्रकाशित करती है अर्थात शरीर में आत्मा के रहने पर ही उसके सभी अंग क्रियाशील रहते हैं। इसप्रकार शरीर के विभागों चौबीस तत्वों और पच्चीसवाँ अविनाशी तत्व आत्मा के भेदों को विकार सहित जो मनुष्य **ज्ञाननेत्र दिव्यद्रष्टि** द्वारा दर्शन करते हैं, वे महात्माजन परब्रह्म परमात्मा को प्राप्त कर लेते हैं। **श्लोक २७-३४ तक**

तेरहवाँ अध्याय "क्षेत्रक्षेत्रज्ञविभागयोग" समाप्त

चौदहवाँ अध्याय "गुणत्रयविभागयोग"

शरीर व उसके तत्त्वों का श्रोत प्रकृति

इसकेबाद श्रीकृष्ण भगवान् बोले, हे अर्जुन! सभी ज्ञानों से अति उत्तम ज्ञान जिसको जानकर मुनि लोग संसार में रहते हुये यहाँ के मायाजाल के दुःखों में नहीं उलझते हैं अर्थात् संसार से मुक्त रहते हुये परम सिद्ध को प्राप्त करते हैं, उसी ज्ञान को **मैं** तुम्हारे लिये कहूँगा। **हे अर्जुन!** ज्ञानी मनुष्य इस ज्ञान के गुणों को अपने चरित्र में उतार कर लगभग मेरे अनुकूल बनकर सृष्टि के प्रारम्भ में पुनः जन्म नहीं लेते हैं और प्रलय के समय भी व्याकुल नहीं होते हैं; क्योंकि उन ज्ञानी मनुष्यों की निगाह में प्रत्येक वस्तु मुझ वासुदेव के समान होती है। **हे अर्जुन!** इस संसार में तीनों गुणों सात्विक, राजस, तामस से युक्त सम्पूर्ण जड़ वस्तु माया सभी जीवों के गर्भ धारण का स्थान है और **मैं** उस गर्भ केन्द्र में चेतनरुप बीज को स्थापन करता हूँ। उस जड़-चेतन के संयोग से सभी उत्पन्न हुये हैं और उत्पन्न होते हैं। (किसी वस्तु का सूक्ष्म बीज या भ्रूण चेतन रुप में होता है गर्भ में इसके विकसित होने पर माया के नष्ट होने वाले तत्वों का आवरण चढ़ता जाता है और वह अपनी नस्ल के अनुसार बड़ा हो जाता है समय आने पर माया के तत्वों का चढ़ा हुआ आवरण

नष्ट हो जाता है और केवल चेतन जीव बच जाता है जो बाद में दूसरा शरीर प्राप्त करता है।) **हे अर्जुन!** अलग-अलग प्रकार के गर्भ केन्द्रों से अलग-अलग प्रकार के शरीर उत्पन्न होते हैं। तीन गुणों सात्विक, राजस, तामस से युक्त नष्ट होने वाला माया के तत्वों से बना गर्भ शरीर और धरती गर्भधारण करने वाली माता होती है और **मैं** चेतनरुप बीज को स्थापन करने वाला पिता हूँ। **श्लोक१-४ तक 14**

हे अर्जुन! प्रकृति से उत्पन्न तीनों गुण सात्विक, राजस, तामस इस अविनाशी जीव आत्मा को शरीर में बाँधते हैं। **हे अर्जुन!** इन तीनों गुणों में से बुद्धि को स्वस्थ रखनेवाला विकार रहित सत्विकगुण निर्मल होने के कारण सुख और ज्ञान की प्राप्ति होने के अभिमान में बँध जाता है। **हे अर्जुन!** स्नेह व मोह रूप रजोगुण किसी वस्तु की चाहना और उसमें आसक्ति पैदा करता है। यह रजोगुण जीवात्मा को कर्म करने के फल की आसक्ति में बाँधता है और **हे अर्जुन!** अपने शरीरों से मोह व अभिमान करने वालों को अज्ञानता के कारण तमोगुण की जीवनशैली हो जाती है जिससे वह अपने अन्तःकरण से व्यर्थ की वस्तुओं की चाहना और व्यर्थ के कार्य करने लगता है, भले कार्य करने में उसे आलस आता है तथा ज्यादा समय

निद्रा में व्यतीत करता है। **क्योंकि हे अर्जुन!** सत्विकगुण परमात्मा सम्बन्धी सुख मिलने वाले कार्यों में लगाता है और रजोगुण जीवको पार्जन हेतु संसारिक कार्यों में लगाता है तथा तमोगुण ज्ञान मिलने वाले विषयों की रुचि से हटाता है और व्यर्थ की वस्तुओं की चाहना व कार्यों में लगाता है और **हे अर्जुन!** मनुष्यको सत्विकगुण (साधारण व शुद्धता) के प्रति रुचि होने पर, उसे रजोगुण (राजसी रहन-सहन) और तमोगुण (अशुद्ध वातावरण) के प्रति अरुचि होने लगती है, तमोगुणी विचार बढ़ने पर रजोगुणी और सतोगुणी विचार कम होने लगते हैं तथा रजोगुण की ओर लगाव होने पर सतोगुण व तमोगुण में लगाव कम हो जाता है। जिस समय अन्तःकरण में आत्मबल बढ़ने से शरीर व इन्द्रियों में शक्ति और प्रसन्नता बढने लगे तथा बुद्धि ज्ञान अपनाने लगे तब सत्विकगुण बढ़ते हुये समझना चाहिये। **हे अर्जुन!** मनुष्य में रजोगुण बढ़ने पर उसे संसरिक अनावश्यक भोग वस्तुओं की चाहत, मन में चंचलता और विषय भोगों की इच्छा होने लगती है। **हे अर्जुन!** तमोगुण रुचिकर लगने पर मनुष्य अज्ञानता व व्यर्थ का वातावरण पसन्द करने लगता है, उपयोगी कर्तव्यों के प्रति रुचि नहीं लेता, आलसी हो जाता है तथा अज्ञानता बढ़नेसे मोह जाल में फंसा रहता है। **श्लोक५-१३ तक 14**

हे अर्जुन! सत्विकगुण की प्रवृत्ति अपनाकर मनुष्य यदि मृतक हो जाता है, तब उसे उत्तम कुल या उत्तम लोक प्राप्त होता है। जहाँ पर उत्तम कर्म करने वाले मनुष्य शुद्ध व सुगन्धित वातावरण में जीवन व्यतीत करते हैं। (ऐसे कुल में धन का आभाव होने पर भी शान्ति होती है) रजोगुण से स्नेह रखने वाला मनुष्य यदि उसी के चिन्तन में मृत्यु को प्राप्त होता है, तब संसारिक कर्मो को करने में रुचि लेने वाले मनुष्यों के कुल में जन्म लेता है। (ऐसे कुल में धन-दौलत होते हुये भी अशान्ति होती है) इस जन्म में मनुष्य यदि अज्ञानता के मार्ग पर चलने के कारण तमोगुणों को अपनाता है अन्त में यदि तमोगुण की सोच में ही मृत्यु को प्राप्त करता है, तब पशु, कीट-पतंगा तथा मन्द बुद्धि वाली योनियों में जन्म लेता है। (ऐसे जीव अपना पेट भरने, डरते हुये जीवन व्यतीत करने, आलसी रहनेव विलासतामें ही पूरा जीवन व्यतीत कर देते हैं)। सात्विक कर्मो के करने से आन्तरिक शान्ति, हृदय को प्रसन्न रखने वाला ज्ञान, मायामोह से छुटकारा व वैर-प्रीत से रहित निर्मल जीवन व्यतीत होता है। राजस गुणों से युक्त कर्म करने से मनुष्य परिश्रम करने पर भी सन्तुष्ट नहीं होता और ज्यादातर दुःखी रहता है। तामस गुणों से युक्त कर्म मनुष्य को अज्ञानी बनाते हैं। मनुष्यमें सत्विकगुण बढ़ने पर ज्ञान बढ़ता है, रजोगुण

बढ़ने पर निःसंदेह लोभ बढ़ता है और तमोगुण बढ़ने पर इन्द्रियों व अन्तःकरण में अज्ञानता, स्वयं के हित कर्मों में अरुचि, व्यर्थ के कार्यों में मन लगना, विलासता में फँसना और ज्यादा नींद की प्रवृति होने लगती है। सत्विकगुण भाव में जीवन व्यतीत करने वाले सतगुणी पुरुष स्वर्ग समान उच्च लोकों को जाते हैं, रजोगुण में जीवन व्यतीत करने वाले राजस पुरुष इस मनुष्य लोक में ही रहते हैं। तमोगुण में जीवन व्यतीत करने वाले तामसी पुरुष कीट, पतंगा, पशु आदि जैसे नीच योनियों में जाते हैं। **श्लोक १४-१८ तक 14**

हे अर्जुन! सत्कर्मों के साथ अपना जीवन व्यतीत करता हुआ मनुष्य जिस काल में तीनों गुणों में रहते हुये उनके प्रभावों से प्रभावित नहीं होता और अपनी आत्मा को आत्मा से ही आनन्दित करने लगता है तथा तीनों गुणों (सात्विक, राजस, तामस) से अति परे सच्चिदानन्दघन स्वरुप मुझ परमात्मा के तत्व रुप को जान लेता है, उस काल में वह सत्कर्मी पुरुष मेरे स्वरुप को प्राप्त करता है अर्थात् उसके चेहरे पर सत्तज्ञान की आभा प्रतीत होने लगती है और वह पुरुष अपने इस चौबीस तत्वों के मनुष्य पिण्ड के कारण से तीनों गुणों को अपनी बुद्धि में न रखकर जन्म, मृत्यु

वृद्धावस्था व सब प्रकारके दुःखोंसे मुक्त होकर परम आनन्द (शान्ति) को प्राप्त करता है। **इसप्रकार भगवान् के रहस्यमयी विचारों को सुनकर अर्जुन ने पूछा, हे परुषोत्तम!** इन तीनों गुणों से मुक्त हुये पुरुष में कौन-कौन से लक्षणआ जाते है? और किस प्रकार के आचरण करता है? तथा **हे प्रभो!** मनुष्य किस उपाय से इन तीन गुणों से मुक्त हो जाता है?

श्लोक १९-२१ तक   14

इस प्रकार अर्जुन के पूछने पर **श्रीकृष्ण भगवान् बोले, हे अर्जुन!** सत्विकगुणों के कार्य करने में महत्वपूर्ण कार्य **आत्मा का प्रकाश दर्शन,** अन्तःकरण और इन्द्रियों में आलस न आने पर ध्यानयोग करने पर होता है और रजोगुण के कार्य करने पर संसारिक भोगों की पूर्ति होती है तथा तमोगुण में कार्यरत रहने पर मोह, अन्तःकरण व इन्द्रियोंमें आलस रहने पर ध्यानयोग न होने के कारण होता है। इन तीनों गुणों सात्विक, राजस व तामस में रहने पर जो मनुष्य अपने आपको मन, बुद्धि से इस प्रकार ढाल लेता है कि इन गुणों में आत्मा का प्रकाश दर्शन हो या न हो, संसारिक भोगों की पूर्ति हो या न हो तथा संसारिकता से मोह हो या न हो, वह मनुष्य प्रत्येक समय इच्छा, राग, द्वेष आदि से विकार

रहित रहता है। ये लक्षण तीनों गुणों सात्विक, राजस व तामससे मुक्त पुरुष के होते हैं। इस प्रकार के योगी पुरुष के आचरण में बदलाव आ जाता है वह अपने आवश्यक दायत्वों को निभाते हुये अपनी आत्मा में स्थित रहने का अभ्यस्थ हो जाता है जिससे सात्विक, राजस, तामस गुण उसको परमात्मा के सुख के मार्ग पर चलने से विचलित नहीं करते हैं और **अपनी आत्मा (सभी गुण अनुभव करने वाली) को अपनी आत्मा (सभी गुण युक्त) से ही आनन्दित रखता है और सच्चिदानन्दधन परमात्मा जो मनुष्य को अन्दर व बाहर से सच्ची शान्ति देता है, में स्थित रहता है तब वह अपने सत् मार्ग से चलायमान नहीं होता है।** प्रत्येक समय अपनी आत्मा में स्थित रहने के कारण वह सुख-दुःख के क्षणों में समान रहता है, मिट्टी, पत्थर, सोना में समान भाव और धैर्यता रहती है, प्रिय और अप्रिय व्यक्तियों में समान व्यवहार करता है, अपनी बुराई व बड़ाई होने पर चहरे पर समानता रहती है, अपने मान-अपमानमें समान भाव रहते हैं, अपने मित्र और शत्रु से समान व्यवहार करता है, अपने द्वारा किये गये महत्वपूर्ण कार्यो के करने में स्वयं अपने द्वारा करने का अभिमान नहीं होता है। ये आचरण तीनों गुणों सात्विक, राजस, तामस से मुक्त पुरुष के होते हैं। इस उपाय को करने से मनुष्य

मायाके तीनों गुणों से मुक्तहो जाता है। केवल एक सर्वगुणसम्पन्न व सर्वशक्तिमान् परमेंश्वर वासुदेव भगवान् को ही अपना स्वामी मानता हुआ स्वार्थ और अहंकार को त्यागकर श्रद्धा और आन्तरिक भाव से परम प्रेम के साथ निरंतर चिन्तन करने से मनुष्य सच्चिदानन्दधनब्रह्म से जुड़ने योग्य हो जाता है। **इसे अव्यभिचारी भक्तिरुप योग करना कहते हैं। हे अर्जुन!** ऊपर बताये हुये सच्चिदानन्दधन ब्रह्म, अमृत अर्थात् अमरतत्व, अव्यय (अक्षय) अर्थात् विकाररहित, सब सुखों से श्रेष्ठ अलौकिक सुख और सबसे श्रेष्ठ सभी में व्याप्त शाश्वतसुख मेरे ही नाम हैं इसलिये इन सबका **मैं** ही जन्म श्रोत हूँ। **श्लोक २२-२७ तक**

चौदहवाँ अध्याय "गुणत्रयविभागयोग" समाप्त

पन्द्रहवाँ अध्याय "पुरुषोत्तमयोग"

पुरुषों में सर्वश्रेष्ठता होना

इसके बाद श्रीकृष्ण भगवान् ने अर्जुन को आगे समझाते हुये कहा, हे अर्जुन! आदिपुरुष अर्थात् श्रृष्टि को उत्पन्न करने के लिये प्रथमपुरुष सगुणरुप में नारायण वासुदेव भगवान् ही सदा रहने वाले, असीमित गुणों से परिपूर्ण तथा सभी को सहारा देकर सम्हाले रहते हैं और सभी धामों के ऊपर धाम में निवास करते हैं, **इनके धाम को नित्यधाम कहते हैं।** इन्होंने इस संसार के जड़-चेतन की उत्पत्ति व विस्तार करने के लिये ब्रह्माजी की उत्पत्ति की, इन भगवान् ब्रह्माजी का निवास नारायण वासुदेव भगवान् के नीचे के धाम ब्रह्मलोक में है। यह संसार बहुत विशाल व पीपलवृक्ष के समान तना, शाखाओं, पत्ते वाला है। यह जो हरा-भरा लहराता हुआ पीपलवृक्ष रुपी संसार देखते हैं इसका मूल कारण यह अविनाशी परमात्मा है तथा इसकी रक्षा करने के लिये बहुत प्रकार के उचित याज्ञिक रुप कर्म करने पड़ते हैं। जिनका वर्णन वेदों में किया गया है, इन कर्मों के करने से संसार विस्तृत और सुन्दर होता जाता है। संसार के जिस क्षेत्र में वेदों के नियमों के विरुद्ध कार्य किये जाते हैं वहाँ पर अज्ञानता, अशान्ति व असुन्दरता होती है। जिस

प्रकार वृक्षकी खाद-पानी द्वारा सेवा करनेपर तना, शाखायें व इसके पत्तों का विस्तार होता है पत्तों के कारण पेड़ सुन्दर लगता है। पत्तों की सुन्दरता वेदों के समान है। भगवान् की योगमाया से उत्पन्न यह जड़-चेतन संसार जीते जी, चलते-फिरते पल भर में नष्ट होने वाला, वास्तव में एक न एक दिन समाप्त होने वाला व दुःख रुप है जो देखने में बड़ा ही सुख रुप लगता है, जो मनुष्य इस संसार में रहते हुये इसके चिन्तन से मुक्त होकर केवल परमेश्वर को ही सबसे उच्च समझकर उसके अनुभव में रहता है, समझो ऐसे पुरुष ने वेदों के ज्ञान को समझ लिया है। **हे अर्जुन!** जिस प्रकार वृक्षकी शाखाओं की कोपलें अत्यन्त नाजीर्ण व मुलायम होती हैं, उसीप्रकार मनुष्य का स्थूल शरीर और इन्द्रियों के विषय रस, रुप, गन्ध, स्पर्श व शब्द अत्यन्त सूक्ष्म होते हैं। ब्रह्माजी द्वारा रचित सम्पूर्ण लोकों व उत्पन्न देवता, मनुष्य, कुटिल, धूर्त आदि स्वभाव वाली योनियों द्वारा संसार का विस्तार वृक्ष की शाखाओं के विस्तार समान होता है। मनुष्य के अतिरिक्त दूसरे जीव अपने कर्मो के अनुसार जन्म लेकर अपने पिछले जन्म के कर्मो के फलों को भोगते हैं **परन्तु मनुष्य योनि अहंकार, ममता, वासनाओं में बँधने पर भी अपने द्वारा शास्त्रानुसार नये कर्म कर सकता है।** इस संसार

का शास्त्रोंमें जैसे स्वरुपका वर्णन किया गया है, जैसा सुनने व देखने में आता है, उस प्रकार का तत्व ज्ञान होने पर नहीं पाया जाता है। जैसे स्वप्न में देखी गई स्थिति जागने पर नहीं दिखाई पड़ती है, जागने पर वास्तविकता सामने होती है। तत्त्व ज्ञान होने पर संसारकी सत्यता सामने आती है यह संसार आदि रहित है अर्थात् इस संसार का पता नहीं है कि यह जीवन की परम्परा कब से चली आ रही है और यह अन्त रहित है अर्थात् इसकी परम्परा कब तक चलेगी इसका भी पता नहीं है और इसकी स्थिति भी अच्छी नहीं है अर्थात् क्षण भर में नष्ट होने वाला व पूरी तरह से समाप्त होने वाला है। इस लोक से ब्रह्मलोक तक के सभी सुख क्षणिक व नाश्वान् हैं, ऐसा समझकर संसार के सभी विषय-भोगों में मालिक बनने का भाव, लगाव, सुख और लिप्तता का भाव जिस मनुष्य में न आय, तब समझना चाहिये कि वह **द्रढ़ वैरागी पुरुष है।** इस प्रकार द्रढ़ वैरागी बनकर इस मायारुप संसार में अहंकार, ममता और वासना से प्रभावित न हो, इसकेबाद सबसे उच्च पदपर आशीन परमात्माको अच्छी प्रकार खोजना चाहिये कि जिसके पास पहुँचनेके बाद मनुष्य इस संसार में वापिस नहीं आते हैं और जिस परमेंश्वर के द्वारा इस वृक्षरुप संसारका विस्तार हुआ है, उस प्रारम्भ के निर्गुण व सगुण प्रथम

पुरुष परमात्माकी शरणमें हूँ, इस प्रकार के विचार हो जाना चाहिये। इस प्रकार ज्ञानीजन जिनकी मान पाने व मोह करने की इच्छा समाप्त हो गई है, किसी के प्रति आसक्ति समाप्त हो गई है, जिनको प्रत्येक स्थिति में परमात्मा रुपी शान्ति की अनुभूति होती है, संसार की वस्तुओं के भोगों की इच्छा समाप्त हो गई है और सुख तथा दुःख की स्थितियों से प्रभावित नहीं होते हैं, सदा ईश्वर के अनुभव से शान्त रहते हैं, ऐसे ज्ञानीजन ईश्वर के धाम अर्थात् परम सन्तुष्टि को प्राप्त हो जाते हैं। **श्लोक १-५**

परमात्मा का धाम सूर्य, चन्द्रमा, अग्नि से प्रकाशित न होकर स्वयं प्रकाशित होता है, हे अर्जुन! जो ज्ञानीजन सूर्य, चन्द्रमा, अग्नि के प्रकाश से अलग सत्यता के प्रकाश मेरे धाम का दर्शन कर लेते हैं वे इस संसार में सूर्य, चन्द्रमा, अग्नि से उत्पन्न प्रकाश दर्शन के लिये नहीं आते हैं। **श्लोक-६   15**

हे अर्जुन! जिसप्रकार कितने भी घड़ोंमें भरे पानी में एक महा आकाश का प्रतिविम्ब अलग-अलग दिखाई पड़ता है उसीप्रकार इन शरीरों में जीव आत्मा मेरा ही सनातन अंश होता है और वही तीनगुणों सात्विक, राजस, तामस से युक्त माया के रसों रस, रुप, गन्ध, स्पर्श व शब्द में मन सहित पाँचों ज्ञान इन्द्रियों को

आकर्षित करता है। जिस प्रकार वायु गन्ध के स्थान से गन्ध को अपने में ग्रहण करके दूसरे स्थान पर ले जाती है उसीप्रकार शरीरों में स्थिति शरीरों का स्वामी जीवात्मा पहले शरीर को त्यागकर अपने साथ मन सहित इन्द्रियों को ग्रहण करके दूसरा शरीर प्राप्त करता है। उस दूसरे शरीर में जीवात्मा अपनी ज्ञानइन्द्रियों आँख, कान, नाक, जीभ, त्वचा और मनके सहारे ही विषयोंका सेवन करता है परन्तु शरीर छोड़कर जाते हुये को, शरीर में स्थित हुये को, विषयों को भोगते हुये को तथा तीनों गुणों सात्विक, राजस, तामस विचारों को अज्ञानीजन नहीं समझते हैं। **केवल दिव्यद्रष्टि जिससे परमात्माके तेज व उनके गुणोंका अनुभव किया जा सकता है का ज्ञान रखने वाले ज्ञानीजन ही तत्वरुप में जानने वाले होते हैं।** योगीजन भी अपने हृदय में स्थित इस आत्मा को प्रयासों द्वारा ही तत्व से जान पाते हैं और जिन्होंने निर्मल वातावरण में न रहकर अपने अन्तःकरण को शुद्ध नहीं किया है, ऐसे अज्ञानीजन प्रयास करते हुये भी इस आत्मा को नहीं जान पाते हैं। **श्लोक ७-११ तक 15**

हे अर्जुन! जो तेज सूर्य में स्थित होकर सम्पूर्ण जगत को प्रकाशित करता है और जो तेज चन्द्रमा में स्थित

है जिससे रात्रि में शीतलता होती है तथा अग्निमें जो तेज होता है जिससे तापमान बढ़ता है, **वह तेज मेरा ही है। मैंने** ही इस पृथ्वी में प्रवेश करके अपनी शक्ति से सभी जड़-चेतन को धारण किया है और करुँगा तथा **मैं** ही रस बनकर अर्थात् अमृतमय चन्द्रमा बनकर सभी प्रकार की ओषधियों व भोजन करने वाली वनस्पतियों में सभी को स्वस्थ रखनेकी शक्ति देता हूँ। **मैं** ही सभी के शरीरों में प्राण वायु (आत्मा) और अपान वायु (श्वांस) से युक्त होकर **चार प्रकार के भोजन** चबाकर खाने वाला रोटी समान, निगला जाने वाला दूध समान, चाटा जाने वाला चटनी समान तथा चूँसा जाने वाला ईख समान को पचाने के लिये पेट में अग्निरूप पाचक रस बनाता हूँ। **मैं** ही सबके हृदय में उनकी अन्दर की इच्छा जानने वाला अन्तर्यामी होता हूँ और मेरे द्वारा ही मस्तिष्क में विचार, ज्ञान व बुद्धि में संशय व दूषित विचारों को हटाया जा सकता है। **मैं** ही सब वेदों को जानने में सक्षम हूँ तथा **मैं** ही वेदों को लिखने वाला हूँ और **मैं** ही सब वेदों को जानने वाला हूँ। **श्लोक १२-१५ तक 15**

हे अर्जुन! इस संसार में नाशवान् व अविनाशी दो प्रकार के पुरुष होते हैं, सम्पूर्ण भूतप्राणियों में उनके शरीर नाशवान् होते हैं और उसको क्रिया शील रखने

वाली जीवआत्मा अविनाशी होती है। इस अविनाशी व नाशवान् दोनों से उत्तम पुरुष तीसरा ही है जो तीनों लोकों आकाश, पृथ्वी व पातालमें प्रवेश करके सभी प्राणियोंकी जानकारी रखकर उनके भोजन पानी की व्यवस्था करता है, इसे अविनाशी परमेश्वर और परमात्मा कहते हैं। **मैं** नाशवान् जड़ स्थिर परा तत्त्वों से सदैव अलग रहता हूँ और माया रुपी चेतन चलायमान में स्थित अविनाशी जीवात्मा से भी उत्तम हूँ इसलिये वेदों में और संसार में **मैं परुषोत्तम नाम से प्रसिद्ध हूँ। हे भारत अर्जुन!** इस प्रकार जो ज्ञानी पुरुष तत्व से जानकर मुझे परुषोत्तम रुप में समझ लेता है, वह ज्ञानवान् पुरुष होकर मुझ वासुदेव परुषोत्तम को ही हमेशा भजता है। **हे निष्पाप अर्जुन!** इसप्रकार से यह गोपनीय व्याख्या शास्त्ररुप में मेरे द्वारा कही गई है, **इसको तत्व से जानकर मनुष्य ज्ञानवान् और परमात्मा का आभारी होकर पूर्ण हो जाता है, तब उसको आगे कुछ करने के लिये शेष नहीं रह जाता है।** श्लोक १६-२० तक

पन्द्रहवाँ अध्याय "पुरुषोत्तमयोग" समाप्त

विशेष कर्तव्य

(इस अध्यायमें भगवान् ने अपना परम गोपनीय प्रभाव बहुत ही अच्छे ढंग से समझाया है, जो मनुष्य भगवान् को सबसे उत्तम समझ लेता है और उनके चिन्तन में आनन्द लेने लगता है तब उसका मन एक भी क्षण भगवान् के चिन्तन से अलग नहीं हो सकता है; क्योंकि मनुष्य जिस वस्तु को सबसे ज्यादा पसन्द करता है उसी में उसका प्रेम होता है, उसी का चिन्तन होता है इसलिये सबका मुख्य कर्तव्य है कि भगवान् के परम गोपनीय प्रभाव को अच्छी प्रकार समझकर नाशवान् तथा छड़ भर में नष्ट होने वाले संसार की आशक्ति का सब प्रकार से त्याग करके और परमात्मा के शरण होकर भजन करने और सत्संग सुनने के लिये आवश्य समय निकाले।)

सोलहवाँ अध्याय दैवासुरसम्पद्विभागयोग

मनुष्यों में दैवीय व आसुरी प्रवृति का वर्णन

इसके बादमें श्रीकृष्णभगवान् फिर बोले, हे अर्जुन! जिन पुरुषों के पास **दैवी सम्पदा** अर्थात् सभी का हित करने की विचारधारा होती है तथा जिन पुरुषों के पास **आसुरी सम्पदा** अर्थात् असुरों समान उग्रता, क्रूरता, निर्दयता आदि की विचारधारा होती है उनके लक्षणों को **मैं** अलग-अलग प्रकार से समझाऊँगा। दैवी सम्पदा अर्थात सबका हित चाहने वाले व्यक्ति प्रत्येक श्रेत्र में निडर रहते हैं, उनका अन्तःकरण अर्थात मन, मस्तिष्क, हृदय अच्छी विचार धाराओं के कारण दोषरहित होने से निर्मल होता है, तत्त्वज्ञान के द्वारा अपनी आत्मा के ध्यान में रहकर निरंतर परमात्मा के अनुभव को बढ़ाते रहते हैं, वे पुरुष किसी समय विशेष पर देश के मनुष्यों के ऊपर संकट पड़ने पर उनकी आवश्यकता के अनुसार वस्तुओं का दान बिना वापिसीकी इच्छासे करते हैं, अपने मनको व्यर्थ की वस्तुओं की ओर आकर्षित होने से बचाते हैं, भगवान् की पूजा-अर्चना, यज्ञ-हवन आदि उत्तम कर्म करके अपने आचरण को निर्मल

रखते हैं, वेद-शास्त्रों को पढ़ते व मनन करते हैं, मनुष्यता के धर्म पर चलने के लिये कष्ट भी सहते हैं, अपने आपको सरल स्वभाव में ढालने का प्रयास करते हैं, अपने मन, शरीर व शब्दों द्वारा किसी को दुःखी नहीं करते हैं, अपने हृदय की पुकार को सुनकर सबकी भलाई हेतु सत्य संदेश देते हैं, **अपना अहित करने वालों को अज्ञानता वश अहित करना सोचकर उन पर क्रोध नहीं करते हैं**, वह अपने द्वारा किये गये सत् कर्मो में अभिमान नहीं करते हैं, उनके मन में चंचलता नहीं होती है अर्थात् मन इन्द्रियों के वश में रहता है, उनको किसी की निन्दा करना अच्छा नहीं लगता है, सभी प्राणियों के प्रति दया का भाव रहता है, उनकी ज्ञानइन्द्रियाँ (आँख, कान, नाक, जीभ, त्वचा) अपने-अपने विषयों (रुप, ध्वनि, गन्ध, स्वाद, स्पर्श) के सम्पर्गमें रहने परभी उनमें आसक्ति अर्थात् बेचैनी नहीं होती हैं और उनको निर्मलतायुक्त, शास्त्रों के अनुकूल व संसारीजनों के कल्याण करने वाले आचरण **न** करने में लज्जा आती है तथा बिना उपयोगी पदार्थो की प्राप्ति के लिये परिश्रम नहीं करते हैं, वे योग अभ्यास स्वाध्याय के द्वारा अपने अन्तःकरण को शुद्ध व जल मिट्टी द्वारा शरीर ऊपर से स्वच्छ रखते हैं तथा उनके हृदय में किसी के प्रति शत्रुता का भाव नहीं होता है

और धैर्यवान व क्षमा करने वाले होते हैं, मनुष्यों द्वारा उनको पूज्यनीय मानने पर वे अपने आप पर अभिमान नहीं करते हैं। **हे अर्जुन!** यह सब दैवी सम्पदा प्राप्त अर्थात सभी का हित चाहने वाले पुरुष के लक्षण होते हैं। **श्लोक १-३ तक 16**

हे पार्थ (राजा)! आसुरी विचारधारा वाले पुरुष अपने बल, विध्या, धन, भूमि, परिवारीजन समूह आदि पर अहंकार करते हैं, अपने को उच्च समझकर सभी से कठोर वाणी बोलते हैं व अपने दवाओ में रखते हैं, वे विध्या प्राप्तिके बादभी सत्तकर्म न करने के कारण अज्ञानी रहते हैं और उनके स्वभाव में क्रूरता, निर्दयता व उग्रता होती है। **मनुष्यों को दैवी सम्पदा के गुण मुक्ति दिलाते हैं तथा आसुरी सम्पदा के गुण संसार के अहितकर कर्मो के करने में उलझा देते हैं जिनसे निकलना कठिन हो जाता है इसलिये हे अर्जुन!** तुम चिन्ता मत करो, क्योंकि तुमने दैवी सम्पदा अर्थात् सभी पर उपकार करने के गुणों को अपनाया है। **श्लोक ४-५ तक**

हे अर्जुन! इस लोक में सभी मनुष्यों के स्वभाव दो प्रकार के माने गये हैं। पहला देवताओं समान व दूसरा असुरों समान, उनमें देवताओं के स्वभाव की ही व्याख्या ज्यादा की गई है, इसलिये अब **मैं तुमको**

असुरों के स्वभाव को विस्तारसे बताऊँगा। हे अर्जुन! आसुरी स्वभाव वाले मनुष्य शास्त्रों के नियमानुसार दूसरों के हित वाले कर्तव्यों को नहीं जानते हैं और न ही मनुष्यों के अहित होने वाले कर्म करने के परिणामों को जानते हैं। इस अज्ञानताके कारण वे अपने अन्तःकरण व शरीर को अन्दर-बाहर से शुद्ध नहीं रख पाते हैं और दूसरों के प्रति उनको दया व प्रेम का भाव नहीं होता है तथा दूसरों के लिये मधुर भाषा-शैली का प्रयोग नहीं कर पाते हैं। वे आसुरी प्रवत्ति वाले व्यक्ति अपने विवेक से समझते हैं कि सम्पूर्ण संसार की रचना को जानना साधारण सी बात हैं। जगत सम्बन्धी बातें झूठी हैं, यह संसार बिना ईश्वर के अपने आप स्त्री-पुरुष के संयोग से उत्पन्न हुआ है, **इसलिये सत्तज्ञान के जानने के चक्कर में न पड़कर संसारिक पदार्थों का भोग करके सुख लेना चाहिये यही अच्छी जिन्दगी जीना है।** इसलिये अनुचित ज्ञान को ही उचित ज्ञान समझने वाले मनुष्यों का स्वभाव अहित वाले कर्मों को करना ही हो जाता है और उन कर्मों को वह बुरा भी नहीं समझता है, जिससे उनकी ठस व मन्द बुद्धि हो जाती है। **इस प्रकार क्रूरता के कर्म करने वाले मनुष्य इस संसार का नाश करना ही अपनाधर्म समझते हैं।** वे मनुष्य अपनेलिये झूठा सम्मान पाना सच सम्मान समझकर

घमण्ड में चूर होकर कभी न पूर्ण होने वाली इच्छाओं का सहारा लेकर अनुचित सिद्धान्तों को अपनाते हुये भ्रष्ट कर्म करने वाले बनकर संसार में अपना जीवन व्यतीत करते हैं। वे मनुष्य अपने जीवन के अन्त समय तक असीमित चिन्ताओं के भार से दबकर संसार के विषय भोगों के सुखों में लिप्त रहते हुये अपना जीवन व्यतीत करते चले जाते हैं। कि केवल इन्द्रियों के विषयों के सुखों को भोगना ही जीवन का आनन्द है। इसलिये वे मनुष्य सैकड़ों मनुष्यों द्वारा मारे जाने के डर से बचकर अपनी विलासता सम्बन्धी आवश्यकताओं को पूरा करने के लिये क्रोधी रुप में रहकर अन्यायपूर्वक धन इकट्ठा करने में लगे रहते हैं। उन पुरुषों के विचार इस प्रकार के हो जाते हैं कि मैनें अभी तक जो कुछ पाया है उससे मेरी इतनी ही आवश्यकता पूरी हुई है, **सन्तुष्ट न होने के कारण आगे की इच्छाओं को पूरा करनेके लिये अनैतिककर्मो द्वारा ज्यादा से ज्यादा धन संचय में लग जाते हैं।** वे पुरुष सोचते हैं कि वह शत्रु मेरे द्वारा मारा गया है और दूसरे शत्रुओं को मैं ही मारूँगा तथा मैं ही ईश्वर और बड़े सुखों को भोगने वाला हूँ तथा मैं ही सभी प्रकार से योग्य, सभी भोग पदार्थो से परिपूर्ण, शक्तिशाली व सुखी हूँ। मैं बड़ा धनवान और बड़े परिवार वाला हूँ। **अज्ञान वश वह सोचते हैं कि मेरे**

समान दूसरा कोई नहीं है, मैं सभी कार्य करूँगा, दान दूँगा और प्रसन्नता प्राप्त करूँगा। श्लोक ६-१५ तक **16**

इसलिये ऐसी सोच-स्वभाव वाले अज्ञानीजन भ्रमित होने के कारण मोहरुपी जाल में फँस कर विषयभोगों के सुखों वाले कर्मो में लिप्त होने से महान् अपवित्र नरक (दूषित वातावरण) में गिरते हैं अर्थात् अपने द्वारा किये गये अनैतिक कर्म के फलों को भोग कर अपार शारीरिक व मानसिक कष्ट सहते हैं। वे अपने-आपको अहंकार वश श्रेष्ठ पुरुष मानकर ज्यादा धन और ज्यादा चरणचुप्पी करने वालोंका साथ होनेसे नशेमें चूर होकर बिना शास्त्र विधि के केवल लोगों को दिखाने के लिये **पाखण्ड भाव से यज्ञ कर्म करते हैं।** वे पुरुष दूसरों की निन्दा करने में निपुण, शारीरिक ताकत का अहंकार रखने वाले, धमण्डी, क्रोधी, दूसरों की सुन्दर वस्तु पर अधिकार करने की इच्छा करने वाले होते हैं और मुझ अन्तर्यामी से स्नेह रखने वाले पुरुषों से घृणा करते हैं। इस प्रकार के परमात्मा के प्रेमी भक्तों से घृणा, पाप व क्रूर व्यवहार करने वाले दुष्ट पुरुषों को **मैं** संसार में वार-वार सुअर, कुत्ते समान नीच योनियों में उत्पन्न करता हूँ। **इसलिये हे अर्जुन!** वे बुद्धि से ठस पुरुष जन्म-जन्म तक

आसुरीयोनियों में जन्म लेकर मुझको न प्राप्त करके बहुत ही दयनीय स्थित में जीवन व्यतीत करते हैं।

श्लोक १६-२० तक   16

हे अर्जुन! मनुष्य की आत्मा का नाश तीन प्रकार के गुणों अनावश्यक विलासता में रुचि लेना (काम), व्यर्थ में क्रोध करना तथा ज्यादा लोभ गुणों को अपनानेसे होता है। यही तीनों गुण मनुष्य की बुद्धि पर अधिकार करके उसको मानव धर्म वाले कार्य नहीं करने देते हैं, जिससे उसका मनुष्य जीवन नीरसता में व्यतीत होता है इसलिये अनावश्यक काम, क्रोध व लोभ में नहीं पड़ना चाहिये। विलासता (काम), क्रोध व लोभ के विकारों से बचा हुआ पुरुष क्रमशः अनैतिक कर्मों के करने, व्यर्थ के विवादों में समय देने व अनावश्यक धन एकत्रित करने के समय से बच जाता है और उस समय को वह परमात्मा की आज्ञानुसार आत्मा का ध्यान करके अपना कल्याण करने वाला आचरण करने में लगाता है। **आगे चलकर वह पुरुष बहुत ही ज्यादा गति से उन्नति करके मेरा अनुभव करके परम शान्ति पाता है।** जो पुरुष शास्त्रों में समझाई गई विधियों को त्यागकर अपने अनुसार शास्त्रों के विरुद्ध अपना जीवन व्यतीत करता है, वह न तो आदर्श ज्ञान की समझ को प्राप्त

कर पाता है और न ज्यादा गतिसे ईश्वर दर्शनरुपी शान्ति पा पाता है तथा संसारिक वातावरण व पदार्थो का वास्तविक सुख भी नहीं ले पाता है इसलिये तुमको शास्त्रों के अनुसार समझकर ही करने वाले कर्म करना चाहिये और न करने वाले कर्मो का त्याग करना चाहिये। इस समय केवल तुम ही शास्त्रों को समझने और उनके अनुकूल कर्मो को करने के लिये योग्य हो। **श्लोक २१-२४ तक**

सोलहवाँ अध्याय "दैवासुरसम्पद्विभागयोग" समाप्त

सत्रहवाँ अध्याय "श्रद्धात्रयविभागयोग"

तीनों गुणों की विवेचना व मनुष्यों पर प्रभाव

भगवान् के वचनों को सुनकर अर्जुन बोले, हे कृष्ण! शास्त्रों का ज्ञान न रखने वाले जो मनुष्य श्रद्धा पूर्वक अपनी बुद्धि विवेक से देवी-देवता आदि की पूजा करते हैं, उनकी स्थिति सात्त्विक, राजस या तामस किस प्रकार की होती है? इस प्रकार अर्जुन के पूछने पर **श्रीकृष्ण भगवान् बोले, हे अर्जुन!** पिछले बहुत से जन्मों में किये गये भक्ति कर्म के प्रभाव से वर्तमान जन्म में केवल स्वभाव से उत्पन्न हुई श्रद्धा सात्त्विक, राजस व तामसी तीनों प्रकार की होती है, **उसको तुम मुझसे सुनो। हे भारत!** (भरत वंश में जन्म लेने के कारण अर्जुन को भारत कहा है) सभी मनुष्यों में श्रद्धा उनके अन्तःकरण, हृदय की रुचि के अनुसार सात्त्विक, राजस या तामस होती है। मनुष्य की रुचि के अनुसार ही उनका स्वरुप, स्वभाव, विचार व वस्त्रों की रुचि सात्विक, राजस व तामसहो जाती है **सात्त्विक** अर्थात् सादगी पसन्द पुरुष देवताओं को पूजते हैं, **राजस** अर्थात् ठाट-वाट से रहना व खाना पसन्द पुरुष यक्ष और राक्षसों अर्थात् देवताओंके

रक्षको जैसे कुबेर और मरे हुये उग्र, क्रूर, निर्दयी मनुष्यों की आत्माओं तथा ऐसी ही प्रवृत्ति के मनुष्यों को पूजते हैं और अन्य **तामस** पुरुष प्रेत और भूतगणों अर्थात् वह सूक्ष्म शरीर जो आत्मा व भौतिक शरीर छोड़ने के बाद प्राप्त करते हैं व भगवान् शंकर के अनुचरों के समान भूतों को पूजते हैं। **हे अर्जुन!** जो मनुष्य शास्त्र विधि से परमात्मा की पूजा न करके मन की इच्छा की पूर्ति हेतु कठिन तपस्या करके शरीर को कष्ट देते हैं तथा अपने को बहुत कुछ समझते हुये अहंकारी बनकर, बहुत ज्यादा संसारिक सुख की इच्छा में आसक्ति रखते हुये अपने शरीरिक बल का अभिमान करते हैं और शास्त्रों में बताये गये नियमों के विरुद्ध पाँच तत्वों वायु, जल, अग्नि, आकाश, पृथ्वी से बने अपने शरीर और इन्द्रियों द्वारा गलत कार्य करके अपने अन्दर बैठी मुझ अन्तर्यामी आत्मा को दुःखी करते हैं। इस प्रकार से तप करने वाले अज्ञानी मनुष्य आसुरी प्रवृत्ति के कहे जाते हैं। **श्लोक १-६ तक**

17

हे अर्जुन! तीन प्रकार की श्रद्धा की तरह ही तीन प्रकार के भोजन सात्त्विक, राजस व तामस होते हैं जो मनुष्य को अपनी-अपनी प्रकृति के अनुसार प्रिय लगते हैं और उसी प्रकार यज्ञ, तप व दान भी तीन

प्रकार के सात्त्विक, राजस व तामस होते हैं। **उनके अलग-अलग भेदों को तुम मुझसे सुनो!** शरीर को स्थाई लाभ देने वाले रस युक्त चिकने तथा आयु, बुद्धि, बल, सुख, प्रीत व निरोगी रखने वाले पदार्थ व भोजन **सात्त्विक पुरुष को प्रिय लगते हैं।** कड़ुये, खट्टे, नमकयुक्त, अति गरम, स्वाद में चरपरे, रुखे, शरीर को उत्तेजित करने व दुःख-चिन्ता देने वाले और रोगों को उत्पन्न करने वाले पदार्थ व भोजन **राजस पुरुष को प्रिय होते हैं।** रसरहित, सूखे, दुर्गन्धयुक्त खाद्य पदार्थ और बासी, दूसरे के भोजनका बचा हुआ व अपवित्र तथा अधपका भोजन तामस स्वभाव वाले मनुष्य को प्रिय लगता है। **श्लोक ७-१० तक**

हे अर्जुन! शास्त्रों के अनुसार किये गये यज्ञों को करना मनुष्य का कर्तव्य होता है, इस नियम को मन से स्वीकार करके बिना फल की इच्छा से किया गया **यज्ञ सात्त्विक होता है।** हम बहुत कुछ बन जायें इस उद्देश्य अथवा फल लाभ से किया गया **यज्ञ राजस कहा गया है** तथा नियमों के विरुद्ध बिना मंत्रों व बिना दान, दक्षिणा और बिना श्रद्धा के किया गया **यज्ञ तामस कहलाता है। श्लोक ११-१३ तक 17**

हे अर्जुन! देवता, ब्राह्मण (वेदों का ज्ञाता), माता-पिता, सतगुरु, आचार्य, वृद्ध, ज्ञानीजनों व जो अपने से किसी

भी प्रकार से बड़े हैं, उनकी सेवा करना और पवित्र व ब्रह्मचर्य रहना तथा जीव को दुःख न देना **यह शरीर से सम्बन्धित तप होता है।** मन और इन्द्रियों द्वारा जो अनुभव किया हो उसको उसीप्रकार कहना तथा सबके हितमें व प्रिय लगने वाली वाणी बोलना और किसी को क्रोधित करने वाली वाणी भी न हो तथा जो वाणी वेदशास्त्रों को पढ़ने व परमेंश्वर का नाम जपने में लगी हो इसप्रकार की **वाणी को वाणी सम्बन्धी तप कहते हैं।** मन अपनी इन्द्रियों के आधीन इतना हो जाये कि वह उनके रसों के सुखों (स्वाद, सुन्दरता, सुगन्ध, त्वचा स्पर्श, मधुर वाणी) में व्यर्थ आकर्षित न हो, मन से प्रसन्न व शान्त होकर परमात्मा के चिन्तन करने का स्वभाव बन जाये, इस प्रकार की **मन से क्रिया को मन सम्बन्धी तप कहा गया है।** परन्तु **हे अर्जुन!** ऊपर बताये हुये तीनों प्रकार के तप मनुष्य द्वारा बिना फल की इच्छा से करने परही **सात्त्विक तप होते हैं।** जो तप अपना सम्मान, अपनी प्रशन्सा कराने के लिये और दूसरे लोगों को दिखाने के लिये किया जाता है, उसका क्षणिक फल मिलता है और फल लाभ व हानि दौनों में ही हो सकता है, **इस प्रकार का करने वाला तप राजस कहा गया है।** जो **तप** अज्ञानतासे मन वाणी और शरीर को कष्ट देकर, दूसरे का अहित करनेके लिये किया जाता है, **वह तप**

तामस बताया गया है। हे अर्जुन! दान देना कर्तव्य है, के भाव से क्षेत्र, समय और आवश्यकता वाले मनुष्यों को जो उसका उपयोग करें भूखे, अनाथ, दुःखी, रोगी, कार्य करने में असमर्थ, भिक्षा मागने वाले जो अन्न-वस्त्र, ओषधि, आवश्यक वस्तु रहित होते हैं, को दिया जाता है। इसप्रकार **दिये गये दान को सात्त्विक कहा जाता है।** जो दान व्यक्तियों से चन्दा एकत्रित करके, बदले में संसारिक लाभ पाने की इच्छा से, मान, बड़ाई, सम्मान पाने का उद्देश्य, रोगों से मुक्ति पाना, व स्वर्ग प्राप्ति की इच्छा से किया जाता है। इस प्रकार **दिया गया दान राजस कहा गया है।** जो दान बिना आदर से, बिना आवश्यकता वाले क्षेत्रों, बिना आवश्यक समय पर, मांसाहारी, मदिरापान करने वालों, चोरी जैसे नीचकर्म करने वालोंको दिया जाता है, **ऐसे दानको तामस दान कहते हैं। श्लोक१४-२२ 17**

हे अर्जुन! सच्चिदानन्दघन ब्रह्म (अन्दर हृदय व बाहर मस्तिष्क को शान्ति देने वाला) को तीन प्रकार से- **ओउम्, तत्, सत्** कहा गया है, उसी के द्वारा सृष्टि के प्रारम्भ में ब्राह्मण (ब्रह्म का ज्ञान रखने वाले), वेद में (ब्रह्म का वर्णन लिखा है), यज्ञ (मनुष्य को करने वाले सत्कर्म) रचे गये हैं। इसलिये शास्त्रविधि से किये गये

यज्ञ, दान, तपस्यारूप किये गये धार्मिक व शुभ कार्य का प्रारम्भ, वेद को कहने वाले श्रेष्ठपुरुष परमात्मा के नाम **ॐ** से करते हैं। **तत्** का अर्थ है कि सब कुछ परमात्मा का है, इसलिये अपने कल्याण की इच्छा से ज्ञानी मनुष्य नाना प्रकार के तप करने व दान देने की क्रियायें फल को न चाहने की इच्छा से करते हैं। **सत्त** अर्थात् परमात्मा सत्य है, इसलिये परमात्मा का नाम सदैव सत्य और श्रेष्ठ भाव में प्रयोग किया जाता है। तथा **हे पार्थ!** उत्तम कर्मों में भी सत्त-शब्द का प्रयोग किया जाता है और यज्ञ तप, दान के करने में सुख, शान्ति का जो अनुभव होता है, वह सत्य है तथा उस परमात्मा से सम्बन्धित जो कर्म किया जाता है, वास्तव में वह ही सत्कर्म होता है। **हे अर्जुन!** बिना श्रद्धाभाव के किया हुआ हवन, किया हुआ दान, तपस्या में किया हुआ परिश्रम और कुछ भी किया गया नैतिक कर्म सेवा आदि सब असत्कर्म है, इसलिये बिना श्रद्धा भाव से किये गये कर्मों में किया गया परिश्रम व्यर्थ हो जाता है, उससे न इस जन्म में कोई लाभ मिलता है और न मरने के बाद ही कोई लाभ मिलता है। इस कारण से मनुष्य को परम श्रद्धा भाव और प्रसन्नता से सच्चिदानन्दघन भगवान् का ध्यान करते हुये बिना फल की इच्छा से शास्त्रों की विधिके अनुसार सत्कर्मों

को करना और अच्छे आचरणों को अपनाना चाहिये।

श्लोक २३-२८ तक

सत्रहवाँ अध्याय "श्रद्धात्रय विभाग योग" समाप्त

अठारहवाँ अध्याय "मोक्षसंन्यासयोग"

त्याग द्वारा मोक्ष प्राप्ति

इस प्रकारके वचनोंको सुनकर **अर्जुन बोले, हे महान् भाव! हे अन्तर्यामिन्! हे वासुदेव!** मैं संन्यास और त्याग को तत्व से अलग-अलग समझना चाहता हूँ। इस प्रकार अर्जुन के पूछने पर **श्रीकृष्ण महाराज बोले, हे अर्जुन!** कितने बुद्धिमान मनुष्य स्त्री, पुत्र, धन आदि प्रिय वस्तुओं की प्राप्ति और रोग व कष्ट निवारण के लिये यज्ञ, दान, तप तथा पूजा-पाठ आदि काम्यकर्म॰ (अपनी कामनाओं को पूरा करने के लिये) आर्त, अर्थार्ती, जिज्ञासू पूजा करते हैं, **इन काम्यकर्मों के त्याग को संन्यास कहते हैं।** कितने विचारकुशल पुरुष ईश्वर की भक्ति, देवताओं का पूजन, माता-पिता गुरुजनों आदि की सेवा, यज्ञ, दान और तप करने, गृहस्थ आश्रम में जीवको पार्जन हेतु धन अर्जित करने आदि **कर्तव्यकर्म के फलों के त्याग को संन्यास कहते हैं।** कुछ विद्वान सभीकर्म दोषयुक्त माननेके कारण त्यागने योग्य कहते हैं तथा

अन्य कुछ विद्वान यज्ञ, दान व तप रुपकर्म त्यागने योग्य नहीं बताते हैं। **श्लोक १-३ तक**

परन्तु हे अर्जुन! उस त्यागके विषयमें मेरे विचारों को सुनो। **हे पुरुष श्रेष्ठ अर्जुन!** त्याग भी सात्त्विक, राजस व तामस तीन प्रकार का होता है। यज्ञ, दान व तपरुप कर्म त्यागने योग्य नहीं होते हैं, इनको करने में शंका नहीं करना चाहिये क्योंकि यज्ञ, दान व तप भगवान् की निस्वार्थ पूजा करने वाले बुद्धिमान पुरुषों को पवित्र करते हैं। इसलिये **हे पार्थ (अर्जुन)!** यह यज्ञ, दान, तपरुप कर्म व और भी श्रेष्ठ कर्म फलों को त्यागकर व उनमें आसक्त होकर नहीं करना चाहिये, इस प्रकार का मेरा उत्तम मत है। **हे अर्जुन!** जिसके लिये जो निर्धारित कर्म है, उसको वह कर्म त्यागना नहीं चाहिये इसलिये मोह से उसका त्याग करना **तामस त्याग होता है।** यदि कोई मनुष्य कर्मो को दुःखरुप समझकर कि इनको करनेसे शरीरको कष्ट होगा तो करना छोड़ देता है, तो वह पुरुष **राजस त्याग** को करके भी त्याग के फल को प्राप्त नहीं करता है अर्थात् उसका वह त्याग करना व्यर्थ ही होता है। **हे अर्जुन!** अमुक कार्य करना कर्तव्य है ऐसा समझकर, शास्त्रविधि के अनुसार किये गये कर्म में आसक्ति और फल को त्यागकर किया जाता है, तब

सात्त्विक त्याग माना गया है अर्थात् करने योग्य कर्म को स्वरुप से न त्यागकर उसमें जो आसक्ति और फल का त्यागना है, वह **सात्त्विक त्याग माना गया है। हे अर्जुन!** जो पुरुष अकल्याणकारक कर्म से द्वेष नहीं करता है और कल्याणकारी कर्म में आसक्त नहीं होता है, वह शुद्ध सत्तगुण से युक्त हुआ पुरुष संशयरहित, ज्ञानवान् व त्यागी होता है। क्योंकि मनुष्य शरीर पाकर मनुष्य सब कर्मो को त्यागने में सक्षम नहीं होता है, इसलिये जो पुरुष कर्मो के करने में उसके फल पर ध्यान नहीं देता है, वही त्यागी कहा जाता है। संसारिक वस्तुओं की लालसा से जो दुःख देने वाले कर्म होते हैं, उनके लिये सकामी पुरुषों द्वारा किये गये कर्मो के फल अच्छे, बुरे और मिले हुये तीन प्रकार के होते हैं, जो मरने के पश्चात भी मिलते हैं। सम्पूर्ण कल्याण कारी करने वाले कर्म उनसे फल की इच्छा, आसक्ति और स्वयं करने के अभिमान को त्याग कर जो पुरुष करता है, उस त्यागी पुरुष को किसी भी काल में कर्म का फल नहीं मिलता है, क्योंकि उसके द्वारा किया गया कर्म वास्तव में कर्म नहीं होता है। **श्लोक ४-१२ तक 18**

हे महाभाव! सम्पूर्ण कर्मो के पूर्ण होने के लिये सांख्यसिद्धान्त में यह पाँच कारण बताये गये हैं,

उनको **तुम मुझसे भली प्रकार से समझो। हे अर्जुन!** कर्म करने का कुछ आधार अर्थात कारण होता है। कर्म करने के लिये करने वाला व्यक्ति, जो कर्ता कहा जाता है। कर्म करनेके लिये साधनों व शारीरिक इन्द्रियों की आवश्यकता होती है, जो करण हैं। किसी न किसी इच्छा अर्थात चेष्टा को लेकर मनुष्य कर्म करता है। पिछले किये गये शुभकर्मों के कारण संसकार बनने से मनुष्य कर्म करता है, वह संसकार ही देव समान होते हैं। **इन पाँच कारणों आधार, कर्ता, करण, चेष्टा, संस्कार** से ही मनुष्य अपने मन, वाणी और शरीर से शास्त्र नियमों के अनुसार या विपरीत प्रत्येक कर्म करता है। जो मनुष्य सत्संग, शास्त्र पढ़ने का अभ्यास, भगवान् को समझने के कर्म और पूजा-अर्चना नहीं करता है, उसकी बुद्धि निर्मल नहीं हो पाती है, इसप्रकार अशुद्ध बुद्धि वाला पुरुष किसी अनुचित कर्म को करने में सोचता है कि यह कर्म मेरी आत्मा ही मुझसे करवा रही है, दूषित बुद्धि के कारण वह सच्चाई को नहीं समझता है। **हे अर्जुन!** जिस प्रकार अग्नि, वायु और जल द्वारा किसी कारण से किसी प्राणी की मृत्यु हो जाये तो उनको पाप नहीं लगता है, क्योंकि उनका गुण है कि उनके सम्पर्क में आने से प्राणी घायल होगा या मरेगा और वायु, अग्नि, जल से प्राणियों को जीवन दान भी मिलता है।

उसीप्रकार जो मनुष्य किसी कर्म को करने में अपने मन में यह भाव नहीं लाता है कि यह कर्म मैं कर रहा हूँ तथा उसकी बुद्धि संसारिक कर्मों और पदार्थों में लिपायमान नहीं होती है, वह पुरुष अपने भावसे न किसी को मारता है और न ही पाप का भगीदार होता है। **हे भारत!** ज्ञाता (जानने वाला), ज्ञान (जिसके द्वारा जाना जाये) व ज्ञेय (जानने में आने वाली वस्तु) इन तीनों के संयोग से कर्म को लगन से करने की इच्छा उत्पन्न होती है और कर्ता (कर्म करने वाला), करण (जिन साधनों से कर्म किया जाये) व क्रिया (कर्म करने का नाम) इन तीनों के संयोग से कर्म बनता है। **श्लोक १३-१८ तक   18**

सांख्यशास्त्र में ज्ञान, कर्म व कर्ता के भी तीन-तीन भेद सात्त्विक, राजस व तामस बताये गये हैं, **उन सब भेदों को मुझसे अच्छी प्रकार से सुनों। हे अर्जुन! जिस ज्ञान के द्वारा** मनुष्य सभी प्राणियों में केवल अविनाशी परमात्मा (आत्मा) को समान भावसे देख पाता है, उनके शरीरको अन्य चौबीस तत्वों (शरीर की आकृति, सुन्दरता, रंग, रुप आदि) को नहीं देखता है। उस ज्ञान को तुम **सात्त्विकज्ञान जानों।** जिस ज्ञान से मनुष्य सभी प्राणियों में उनकी अविनाशी आत्मा को न देखकर केवल भावों और शरीर के रंग रुप व आकृति

को देखता है, उस ज्ञान को **राजसज्ञान जानो** तथा जिस ज्ञान से मनुष्य सभी प्राणियों के इस थोड़े समय में नष्ट होने वाले शरीर को ही आत्मा मानकर और उसी को सब सुखों की खान समझकर उसमें आसक्त रहता है, उस तुच्छ ज्ञानको **तामसज्ञान समझो।** श्लोक १९-२२

हे अर्जुन! जो कर्म मनुष्य प्रेम व धृणा से रहित होकर, अपने आपको करने वाला न समझकर, फल की इच्छा को न चाहते हुये, शास्त्रों के अनुकूल करता है, उस कर्म को **सात्त्विककर्म कहा जाता है।** जो कर्म अहंकार के साथ कि मैं कर रहा हूँ, फल की इच्छा को लेकर किया जाता है तथा शारीरिक परिश्रम भी बहुत होता है, इसप्रकार से किया गया **कर्म राजसकर्म होता है।** जोकर्म अपनी छमता व योग्यता को न विचारकर किसी को कष्ट देने, हानि पहुँचाने, मारने और अन्तिम परिणाम को न समझते हुये किया जाता है, **वह कर्म तामसकर्म होता है। श्लोक २३-२५ तक 18**

हे अर्जुन! जो कर्ता (कर्म करने वाला पुरुष) कर्म के करने में आसक्त रहित, अहंकार से न बोलने बाला, धैर्यवान, प्रसन्न रहने वाला, कार्य की सफलता व असफलता मिलने में एकसमान रहने वाला होता है,

वह **कर्ता, सात्त्विक होता है।** जो कर्ता कर्मों में आसक्त रहने वाला, कर्म के फलों को चाहने वाला, लोभ स्वभाव वाला, अपने भले के लिये दूसरेको कष्ट देने वाला, अशुद्धकर्म करने वाला, समय-समय पर हर्ष-शोक की स्थित में रहने वाला होता है, इस प्रकार का **कर्ता, राजस कहा जाता है।** जो कर्ता समय-समय पर विचलित होने वाला, अशिक्षित, घमंडी, धूर्त, दूसरे के करोबार को नष्ट करने वाला, आलसी, आज का कार्य कल पर छोड़ने वाला होता है, **वह कर्ता, तामस कहा जाता है। हे अर्जुन!** अब तुम मनुष्य की बुद्धि और मनुष्य की धारणा अर्थात सोच के अलग-अलग **तीनों गुणों को मुझसे सुनों, हे पार्थ!** जिस बुद्धि के द्वारा प्रवृतिमार्ग अर्थात मनुष्य गृहस्थ जीवन में रहकर सभी को कल्याण कारी शिक्षा देते हुये, कर्म के फल और कर्म में आसक्ति को (राजा जनक की भाँति) त्याग पाता है और निवृतिमार्ग अर्थात अपनी बुद्धिमत्ता का अभिमान न करते हुये, संसार से अपने आपको अलग रखकर, (मुनि श्री शुकदेवजी व मुनि सनकादिकों) की भाँति केवल सच्चिदानन्दघन परमात्मा में लीन रहता है तथा मनुष्य कर्तव्य-अकर्तव्य को, भय-अभय को, बन्धन-मोक्ष को तत्व अर्थात सरलता से समझ पाता है, **वह बुद्धि सात्त्विक होती है। हे पार्थ!** जिस बुद्धि के द्वारा मनुष्य धर्म-

अधर्म को तथा कर्तव्य-अकर्तव्य को नहीं समझ पाता है और अज्ञानता के कारण अपने अनुसार गलत कर्म करता है, **वह बुद्धि राजस होती है। हे अर्जुन!** जो बुद्धि अधर्मको धर्म मानती और नैतिक पूर्ण कर्मों को अच्छा न समझने के कारण अनैतिक कर्म दूसरों को कष्ट पहुँचाने के लिये करती है, **वह बुद्धि तामस होती है। श्लोक २६-३२ तक   18**

हे पार्थ! यदि मनुष्य में ध्यानयोग (हृदय में परमात्मा का ध्यान करना) के द्वारा अभिचारणी धारणा (केवल परमात्मा की भक्ती में आगे बढ़ने की रुचि होना) का विकास होने लगता है, तो वह अपने मन, आत्मा और इन्द्रियों को भगवत्-प्राप्ति के लिये भजन, ध्यान और निष्काम कर्मों में लगाने लगता है, तो मनुष्य में इसप्रकार की **उत्पन्न धारणा सात्त्विक होती है। हे पृथापुत्र** (कुन्ती का नाम पृथा भी है) **अर्जुन!** कर्मों में आसक्ति होकर, फल की इच्छा से जिस धारणा को लेकर मनुष्य को धर्म, अर्थ (धन-सम्पदा) और काम (विलासता गुण) को अपनाने में रुचि आने लगती है, **वह धारणा राजस होती है। हे पार्थ!** दुष्ट बुद्धि वाला मनुष्य जिस धारणा से आलस, भय, चिन्ता, दुःख और क्रोधको नहीं छोड़ पाता है अर्थात अपने में अवगुण

बनाये रखता है, **वह धारणा तामसी होती है।** श्लोक ३३-३५ तक

हे अर्जुन! अब **तीन प्रकार के सुखों को मुझसे सुनों। हे भरत श्रेष्ठ!** (भरतवंश में अर्जुन को सबसे श्रेष्ठ समझा गया था) यदि योगीपुरुष परमात्मा का भजन, ध्यान और सज्जन पुरुषों की सेवा करनेमें अभ्यस्थ होकर सुख अनुभव करता है, जिससे संसार से मिलने वाले प्राकृतिक कष्ट उसको दुःखी नहीं करते हैं, इसप्रकार के सुखों के लिये प्रारम्भ में नैतिक कर्म करने में योगी पुरुष को बिष के समान मानसिक कष्ट होता है, परन्तु नैतिक कर्म करने के अन्त में अमृत समान सुख मिलता है, इसलिये परमात्मा से सम्बन्धित कर्म करने मे प्रसादरुप जो सुख मिलता है, **वह सुख सात्त्विक होता है।** मनुष्य को इन्द्रियों जीभ, आँख, नाक, त्वचा, कान के विषयों क्रमशः रस, रुप, गन्ध, स्पर्श, शब्द से मिलने वाले सुख भोगते समय अमृत के समान मीठे सुख देते हैं, परन्तु मनुष्यके हृदय, बुद्धि व शरीरके अंगों पर बिष समान प्रभाव डालते हैं, **इस प्रकार का सुख राजस होता है।** मनुष्य को निद्रा लेने, आलस मे पड़े रहने, गल्ती करने, से जो सुख प्राप्त होता है, **वह सुख तामस होता है। हे अर्जुन!** पृथ्वी पर रहने वाले सभी मनुष्य तथा स्वर्गमें रहने वाले

सभी देवता प्रकृति के इन तीनों गुणों सात्त्विक, राजस व तामस से ग्रहसित होते हैं, क्योंकि इस सम्पूर्ण संसार का निर्माण ही इन तीन गुणों सात्त्विक, राजस व तामस के मायावी विकार से हुआ है। **श्लोक ३६-४० तक**

18

इसलिये हे परंतप! (अर्जुन तपस्या द्वारा अपनी इन्द्रियों को वश में करने वाले और इनके प्रभाव व आकर्षण से शत्रुओं को कष्ट होता है, इसलिये परंतप कहा है) मनुष्य अपने पूर्व जन्मों में किये गये कर्मों के संस्कार के अनुसार प्राप्त स्वभाव से उत्पन्न गुणों के कारण चार वर्णों ब्राह्मण, क्षत्रिय, वैश्य अथवा शूद्रों वाले विचारों के साथ जन्म लेते हैं। इन्हीं चार वर्णों के अनुसार कर्म को चार भागों में बाँटा गया है। **जो** मनुष्य अपने आपको अपने नियन्त्रण में रखता है कि आवेश में आकर बिना सोचे समझे कोई काम न कर दे, अपनी इन्द्रियों को उनके विषयों में आसक्त नहीं करता है, ऐसे वातावरण और भोजन को पसन्द करता है जिससे उसका अन्तःकरण अर्थात् विचार दूषित न हो तथा बाहर से भी अपने शरीर को स्वच्छ रखता हो, सत्कर्म के मार्ग पर चलने के लिये कष्ट सहने में सक्षम हो, त्रुटियों पर छमा करने का भाव हो, भगवान् में आस्था वाली बुद्धि हो, शास्त्रों के अध्ययन से ज्ञान

प्राप्त करता हो, तत्वज्ञान द्वारा परमात्मा का अनुभव करता हो, **वह ब्राह्मण समान कर्म कर रहा है। यह कर्म ब्राह्मण के स्वाभाविक कर्म हैं।** जिस मनुष्य में वीरता अर्थात शत्रु से टक्कर लेने का साहस हो, बुद्धि से तेज व स्वस्थ रहता हो, धैर्यवान हो, अपने कर्म क्षेत्र में निपुण हो, युद्ध से न भागने का स्वभाव हो, आवश्यकता के अनुसार निस्वार्थभाव से दान और सबका हित सोचकर शास्त्रोंमें बतायी आज्ञानुसार अपने राज्य की प्रजा से पुत्र समान प्रेम करके पालने का भाव हो, **वह मनुष्य क्षत्रिय समान होता है, ये सब क्षत्रिय के स्वाभाविक कर्म है।** जो मनुष्य खेती करता है, गायों का पालन-पोषण करता है, ईमानदारी से वस्तुओं की क्रिय-विक्रय करके नियमित लाभ लेकर धनोपार्जन करता है; झूठ, कपट, छल, चोरी, डर दिखाकर या किसी अन्य अनैतिक ढंग से किसी का धन, भूमि आदि नहीं हड़पता है, **वह वैश्य समान होता है, ये वैश्य के स्वाभाविक कर्म हैं।** जो मनुष्य निर्बल बुद्धि के कारण शिक्षा ग्रहण नहीं कर पाते हैं और न ही वे निडर होते हैं, इस कारण से वे सभी सेवा कार्य करते हैं, **इसप्रकार के सेवाकर्म को शूद्र नाम दिया गया है, यह शूद्र के स्वाभाविक कर्म हैं।** (मनुष्यों के गुण व स्वभाव से उसका वर्ण बन जाता है) इसप्रकार प्रत्येक मनुष्य अपने-अपने स्वाभाविक कर्म

करने के साथ-साथ परमात्मा का ज्ञान पाकर अपना जीवन सफल करके मोक्ष भी प्राप्त कर सकता है। जिस विधि से मनुष्य अपने स्वाभाविक कर्म में लगकर परमात्मा से परम शान्ति प्राप्त कर सकता है **वह विधि मुझसे सुनों। हे अर्जुन!** जिस प्रकार बर्फ में जल व्याप्त होता है अर्थात् बर्फसे जलकी उत्पत्ति होती है, उसीप्रकार परमात्मा में सम्पूर्ण संसार व सभी प्राणी व्याप्त हैं, अर्थात् परमात्मा से सम्पूर्ण संसार व सभी प्राणियों की उत्पत्ति हुई है। जिस प्रकार पतिव्रता स्त्री का अपने पति को ही सर्वस्व समझकर, पति का चिन्तन करती हुई, पति की आज्ञानुसार पतिके ही लिये मन, वाणी व शरीर से सेवा वाले कर्म करने का स्वभाव बन जाता है और उसी स्वभाव से सेवा करती है, उसी प्रकार परमेंश्वर को सर्वस्व समझकर, परमेंश्वर का चिन्तन करते हुये परमेंश्वर की आज्ञानुसार मनुष्य का मन, वाणी और शरीर से परमात्मा के ही लिये कर्तव्यकर्म करने का स्वभाव बन जाता है और उसी स्वभाविक कर्म द्वारा परमेंश्वर को पूजता हैं। यदि मनुष्य का अच्छा-बुरा कैसा भी कर्म करनेका स्वभाव बन जाता है और स्वभाव बनने से वह कर्म करना उसका धर्म बन जाता है, तब उस अपने धर्म के कर्म को करने से उसे पाप नहीं लगता है। **इसलिये अच्छे आचरण करने वालों के लिये दूसरे के धर्म से**

अपना गुण रहित धर्म भी अच्छा होता है। अतः हे कुन्तीपुत्र! मनुष्य को अपने दोषयुक्त स्वभाविक कर्मों को करना त्यागना नहीं चाहिये। क्योंकि सभी वातावरण को पवित्र करने वाली आग से सब बुराइयों को भष्म करने का कर्म होने में दोषयुक्त धुआँ निकलता है, इसलिये सभीकर्म किसी-न-किसी दोष से सम्बन्ध रखते हैं। **श्लोक ४१-४८ तक 18**

हे अर्जुन! जो पुरुष अपने विचारों से संसार के प्रति आसक्त रहित रहकर सभी कार्य करता रहता है और किसी वस्तु को पाने के लिये उसकी इच्छा ही नहीं होती है तथा अपने हृदय से इन्द्रियों को वश में कर लिया है वह पुरुष सांख्यसिद्धान्त के अनुसार किसी कर्म को उसमें आसक्ति और उससे मिले फलकी इच्छा छोड़कर करता है अर्थात् परमात्मा सम्बन्धी कर्म करते हुये कर्म के वारे में न सोचकर पवित्र भगवान् सच्चिदानन्दघन का अनुभव करके परम शान्तिरुपी आनन्द पाता है, इसलिये **हे कुन्तीपुत्र!** परमात्मा अनुभव द्वारा जो मनुष्य अपने अन्तःकरण हृदय को शुद्ध करके, सांख्ययोग से प्राप्त सच्चिदानन्दघन ब्रह्म के दर्शन के आनन्द समान सुख-शान्ति पाता है तथा जो तत्वज्ञान जानने की परमसीमा

है, उसको भी तुम मुझसे संक्षेप में सुनो। श्लोक ४९-५० तक 18

हे अर्जुन! जिस पुरुष के विचार पूर्ण रुप से निर्मल हैं, अच्छे सात्त्विक वातावरण के मनुष्यों के साथ समय व्यतीत करता है, हल्का और कम भोजन करता हो अपने मन वाणी व इन्द्रियों पर नियन्त्रण करके मोह विकारसे मुक्त होकर वैरागकी स्थित प्राप्त कर ली है, इसप्रकार के पुरुष ने परमात्मा का निरन्तर ध्यान करके केवल परमेंश्वर को ही सबकुछ समझने की अपनी धारणा बनाकर अपने अन्तःकरण को वशमें किया है, परमात्मा की व्याख्या शब्दों में अध्ययन करके प्रेम-प्रीत से अपने आपको मुक्त कर लिया है तथा अहंकार, बल, विलासता, क्रोध, किसी उपयोगी वस्तु धन आदि को जोड़कर रखना त्याग दिया है और ममता रहित होने से हृदय शान्त हो गया है, तब वह पुरुष **सच्चिदानन्दघन ब्रह्म का ध्यान करने के योग्य हो पाता है।** ध्यानयोग द्वारा जब मनुष्य सच्चिदानन्दघन भगवान् से जुड़ने लगता है तब उसका मन वास्तविक प्रसन्नता पाने लगता है फिर वह किसी के लिये शोक नहीं करता है और न किसी को पाने की इच्छा करता है। एवं सभी जन्में व जन्म लिये प्राणियों में परमात्मा होने का अनुभव होने से सबको

समान भाव देखने के कारण मेरा अर्थात् परमात्मा का ज्ञान प्राप्त हो जाता हैं। परमात्मा का ज्ञान पानेके बाद कुछ जानना शेष नहीं रह जाता है। (परमात्मा को इस प्रकार से जानने को **पराभक्ति** कहते हैं) इस पराभक्ति द्वारा मनुष्य मुझको तत्व से भली प्रकार से जान लेता है कि **मैं अर्थात् परमात्मा क्या? कैसा? कहाँ? कौन है? और मनुष्य के जीवन में क्या परिवर्तन कर सकता है? इत्यादि।** तथा इस प्रकार की भक्ति से मेरे को तत्व से जानकर तत्काल ही मेरे में प्रवेश होकर मेरी महिमा का अनुभव करने लगता है, फिर उसकी द्रष्टि में मुझ वासुदेव (परमात्मा) के अतिरिक्ति कुछ नहीं रहता है। **श्लोक५१-५५ तक 18**

मुझमें स्थित हुआ निस्वार्थ भाव से कर्म करने वाला मनुष्य मेरी कृपा से सबसे पहले के समान परमश्रेष्ठ पुरुष बनकर मोक्ष प्राप्त करता है। इसलिये **हे अर्जुन!** तुम अपने सब कर्मो को, मेरे आधीन होकर तथा मेरा ध्यान करते हुये, यह समझकर करो कि तुम्हारे शरीर से **मैं** ही सब कर्म कर रहा हूँ, यदि तुम मेरी आज्ञा से मेरे मन के अनुसार कर्म करोगे तो तुमको आगे जन्म-मृत्यु के होने के कष्ट से भी मुक्ति मिल जायेगी और **यदि अहंकार के कारण मेरे वचनों पर ध्यान नहीं दोगे तो अज्ञानी होकर नष्टहो जाओगे अर्थात**

दूसरोंके भलाई के कार्य भी नहीं कर पाओगे। अगर तुम अपने अहंकार को अपने अन्दर दबाकर युद्ध नहीं करते हो तो इस समय तुम्हारा यह सोचना व्यर्थ है क्योंकि आगे चलकर तुमको क्षत्रियपन के स्वभाव के कारण युद्ध में लगा देगा। **श्लोक ५६-५९ तक 18**

हे अर्जुन! यदि इस युद्ध कर्मको अपने सम्बन्धियों से मोह के कारण तुम नहीं करना चाहते हो तो अपने पूर्वजन्म के स्वभाविक कर्म से बँधे होने के कारण अपने स्वभाव के आधीन होकर युद्ध करोगे। क्योंकि **हे अर्जुन!** परमात्मा सम्पूर्ण प्राणियों के हृदय में स्थित होकर और उनके कर्मों के अनुसार अपनी माया से उनको भ्रमित करके, उनको शरीर रुपी गाड़ी पर सवारी कराकर कर्म करालेता है। इसलिये **हे भारत!** (अर्जुन) सब प्रकार से परमात्मा की अनन्यशरण भक्ती प्राप्त करने के लिये तुम लज्जा, भय, मान, बड़ाई और आसक्ति को त्यागकर, इस संसार में अहंकार-ममता से रहित होकर केवल परमात्मा को ही सबसे ऊपर समझकर अति श्रद्धा, भक्ति के साथ प्रेमपूर्वक प्रत्येक समय हर स्थित में भगवान् के नाम, गुण, प्रभाव और स्वरुप का चिन्तन करो और उनके अनुसार कर्तव्यकर्मों को निःस्वार्थ पूर्वक परमेंश्वर के

लिये ही करो। तब उस परमात्मा की कृपा से उच्च स्थान पर पहुँचकर परमशान्ति को प्राप्त करोगे।

श्लोक ६०-६२ तक 18

इसप्रकार बहुत कालों से अपने अन्दर पड़े हुये ज्ञान को, मैंने बहुत सोचसमझकर तुम्हारे लिये कहा है, इस ज्ञान को समझकर पूरी तरह से विचार करो और फिर तुम्हारी जैसी इच्छाहो वैसा करो। **अर्जुन का कोई उत्तर न मिलने के कारण श्रीकृष्णभगवान् फिर बोले, हे अर्जुन!** मेरे यह वचन बहुत ही गोपनीय व रहस्यमय हैं, इनको तुम फिर सुनों; तुम मुझको बहुत ही प्रिय हो, इसलिये परम हितकारी वचन को तुम्हारे लिये फिर कहूँगा, **हे अर्जुन!** तुम केवल मुझ सच्चिदानन्दघन वासुदेव परमात्मा में ही स्थिर **मन** से प्रतिदिन-प्रत्येक छड़ अपना घ्यान रखो और मुझ परमेश्वर के गुण, महिमा को अति श्रद्धा-भक्ति तथा बिना फल की इच्छा से कीर्तन, मनन, पढ़ने व दूसरों को सुनाने के द्वारा भजन करो तथा चारों हाथों में शंख, चक्र, गदा, कमल लिये और माथे में किरीट (मोर के पंख के साथ माथे का आभूषण), कुण्डल, कौस्तुभमणि (समुद्रमन्थन के समय निकली मणि) आदि आभूषणों को धारण किये हुये तथा वन के फूलों से बनी माला और पीताम्बर पहने हुये; मन, वाणी और

शरीर द्वारा सबकुछ अर्पण करके बहुत ही श्रद्धा, भक्ति और प्रेम से विष्णुरुप में मेरा पूजन करनेमें अभ्यस्थ हो तथा मुझ सर्वशक्तिमान्, बलशाली, शोभायमान, गम्भीर, दयावान, माता-पिता की तरह प्रेम करने वाले और सहायता करने वाले आदि गुणों से युक्त सबको आश्रय देने वाले **वासुदेव अर्थात मैं**, मेरे सामने भक्ति भाव से खड़े हो, फिर हाथ जोड़कर झुककर प्रणाम करो। ऐसा करनेसे तुम अपने हृदय से मुझे स्वीकार कर लोगे। तुम मेरे प्रिय मित्र हो, इसलिये तुमको अपनाने की **मैं** प्रतिज्ञा करता हूँ। इससमय सम्पूर्ण कर्मो के कर्तव्यों को ध्यान में न रखकर केवल मुझ सच्चिदानन्दघन वासुदेव परमात्मा की ही **भक्ति रुप आज्ञा मानकर पापकर्म न समझते हुये युद्ध करो और इस कर्म के लिये शोक मत करो; मैं निश्चय ही तुम्हें सभी पापों से मुक्त कर दूँगा। श्लोक ६३-६६ तक 18**

हे अर्जुन! मैंने तुम्हारे हित में जिस **गीतारुप परम रहस्य** को तुम्हें समझाया है, इसे तपरहित अर्थात् जो पूजा-अर्चना व परमात्माका ध्यान न करने वाले को, भक्तिरहित अर्थात् जिसे वेद, शास्त्र, परमेंश्वर, महात्मा, गुरुजनों में श्रद्धा, प्रेम, विश्वास न हो और जो मेरी निन्दा करता हो, को नहीं सुनाना चाहिये, तथा तप,

भक्ति करने वाले व मुझमें आस्था रखने वाले मनुष्य को प्रेमपूर्वक प्रसन्नता के साथ सुनाना चाहिये। क्योंकि जो मनुष्य मुझसे अति प्रेम करके इस परम रहस्यमय गीताशास्त्र को मेरे भक्तों को निष्कामभाव से पढ़ायेगा, सुनायेगा और विस्तार के साथ सत्संग के माध्यम से समझायेगा, वह आवश्य ही मुझे प्राप्त करके संसार के कष्टों से मुक्तिपा लेगा। गीताशास्त्र के प्रचार-प्रसार से सम्बन्धित प्रत्येक कार्य करना मुझे अत्यन्त प्रिय लगता है और इस कार्य को करने वाले मनुष्य से प्रिय संसार में कोई दूसरा मनुष्य मेरे लिये नहीं है। **हे अर्जुन! सब प्रकार के यज्ञ में ज्ञानरुप यज्ञ श्रेष्ठ होता है, इसलिये हमदौनों के वार्तालाप को गीताशास्त्र के माध्यम से प्रति दिन जो मनुष्य पाठ करेगा, तो माना जायेगा कि वह ज्ञानयज्ञ करके मेरी पूजा करता है, ऐसा मेरा मत है।** (परमात्मा से सम्बन्धित पुस्तको, ग्रन्थों व शास्त्रों का अध्ययन करना या पाठ करना एक प्रकार से ज्ञानयज्ञ ही होता है) जो पुरुष गीताशास्त्र में दोष न देखते हुये श्रद्धा के साथ केवल नियम पूर्वक सुनेगा, वह भी उत्तम कर्म करने वालोंकी तरह श्रेष्ठ लोको में अपना स्थान बनायेगा। **श्लोक ६७-७१ तक 18**

इसके बाद गीताशास्त्र की विशेषता को बताकर आनन्दश्रोत भगवान् **श्रीकृष्णचन्द्र ने अर्जुन से पूँछा, हे पार्थ!** क्या मेरा यह वचन तुमने ध्यान से सुना है? और क्या अज्ञानता के कारण परिवारीजनों के प्रति उत्पन्न तुम्हारा मोह समाप्त हो गया है? इसप्रकार भगवान् के पूछने पर **अर्जुन बोले, हे अच्युत!** (भूल न करने वाले) आपकी कृपा से मेरा मोह समाप्त हो गया है और सभीकुछ याद भी आ गया है, इसलिये अब संशयरहित होनेके कारणमैं आपकी आज्ञा का पालन करूँगा। **श्लोक ७२-७३ तक 18**

इसके पश्चात महात्मा संजय ने राजा धृतराष्ट्र से कहा, हे राजन्! इसप्रकार मैंने श्रीवासुदेवजी और अर्जुन के इस अद्भुत, रहस्यमय और रोमान्चकारी संवाद को सुना और किसप्रकार मैंने श्रीव्यासमुनि जी की कृपा से दिव्यद्रष्टि प्राप्त होने पर इस परम रहस्यमय गोपनीय योग द्वारा योगेश्वर भगवान् श्रीकृष्ण के पूर्ण दर्शन भी किये। **इसलिये हे राजन्!** श्रीकृष्णभगवान् और अर्जुन के इस रहस्यमय, कल्याणकारी और अद्भुत संवादको वार-वार स्मरण करके वारंवार प्रसन्न हो रहा हूँ तथा **हे राजन्!** जिसके स्मरण करने से पापों का नाश होता है अर्थात् बुद्धि से दूषित विचार निकल जाते हैं, ऐसे हरि का वार-वार

स्मरण करके मन में बहुत आश्चर्य हो रहा है। **हे राजन्!** विशेष बात क्या कहूँ, मेरे विचार से जहाँपर योगेश्वर श्रीकृष्ण भगवान् और गाण्डीव नामक धनुष रखने वाले अर्जुन हैं, वहाँ पर ही विजय, दिव्य शक्तियाँ और नियमों का पालन होता है। **श्लोक ७४-७८ तक**

अठारहवाँ अध्याय "मोक्षसंन्यासयोग" समाप्त

सभी अठारह अध्यायों का संक्षिप्त वर्णन

कुरुश्रेत्र का मैदान युद्धस्थल में कौरव और पाण्डवों की विशाल सैनायें युद्ध के लिये खड़ीं हैं। अर्जुन अपने सात सफेद घोड़ों के रथ पर बैठे हैं, श्रीकृष्णभगवान् सारथी हैं। महल में बैठे अन्धे धृटराष्ट्र को उनका सारथी संजय दिव्यद्रष्टि जो व्यासमुनि की कृपा से प्राप्त हुई थी, के द्वारा देखकर रणश्रेत्र का हाल बताता है। पूजा अर्चना के बाद युद्ध प्रारम्भ से पहले अर्जुन ने अपने सभी युद्ध लड़ने वाले कौरवों और उनका साथ देने वालों को देखने की इच्छा से अपने रथ को युद्धमैदान के बीच में खड़ा करने के लिये श्रीकृष्णमहाराज से कहा। वहाँ अपने परिवारजनों, पितामहभीष्म, आचार्यों, सम्बन्धियों तथा नागरिकों को

खड़ा देखकर उनके भविष्य की सोचकर कि युद्ध के बाद भयंकर दुःखदाई परिणाम सामने आयेगें और मुझे उनकी हत्या का पाप भी लगेगा। यह सोचकर वह भयभीत हो जाते हैं और अपना धनुष-बाण त्यागकर रथ के पिछले भाग में बैठ जाते हैं। उदासीन होकर श्रीकृष्णमहाराज से कहते हैं कि आप बुद्धिमान होते हुये भी यह अधर्म का कार्य युद्ध करने के लिये कह रहे हो, अपने अनुसार युद्ध न करने हेतु बहुत नैतिकतापूर्ण बातों को अर्जुन कहते हैं। परन्तु योगेश्वर श्रीकृष्णजी उसको समझाते हैं कि उसकी बातें बुद्धिमानी की न होकर समय के अनुसार कायरता पूर्ण हैं। इस स्थिति में यदि युद्ध नहीं करोगे और शान्तिप्रियता के स्वभाव को अपनाकर अपने आपको दुर्योधन के आधीन कर दोगे तो पूरा संसार तुमको कायर समझकर तुम्हारी निन्दा करेगा जिससे तुम जिन्दा रहकर अपने दुश्मनों की अशोभनीय बातों को सहन न कर सकोगे।

श्रीकृष्णमहाराज अर्जुन को शरीर और आत्मा के विषय में समझाते हैं। सभी के शरीर **आत्मा** की विध्धमान्ता के कारण जीवित रहते हैं और **मैं** स्वयं सबके शरीरों में आत्मरुप में रहता हूँ जब **मैं** इनके अन्दर से निकलूँगा तब यह मरेंगे। मारने के लिये तुम केवल निवित्तमात्र हो। आत्मा अपरिवर्तनीय सत्य तत्त्व

है, शरीर में इसके रहने पर वाल्यावस्था, युवावस्था व वृद्धावस्था आती है और आत्मा एक शरीर छोड़कर दूसरा शरीर प्राप्त करती रहती है। इसलिये शरीरों के लिये शोक मत करो। सभी जीवों की तरह तुम्हारे भाई, आचार्य, पितामह तथा अन्य सम्बन्धी जन्म और मृत्यु के बीच ही शरीर वाले हैं, इनके ये शरीर जन्म से पहले नहीं थे और न मृत्यु के बाद रहेंगे। अर्जुन को आत्मज्ञान का महत्व बताते हैं कि इस ज्ञान को समझकर इस माया-मोह से मुक्त होकर अपने कर्तव्यों को निभा सकोगे और पाप के भागीदार भी नहीं होओगे। कर्म करने का फल तुम्हारे अधिकार में नहीं है, तुम केवल कर्म करने के लिये स्वतंत्र हो।

भगवान् ब्रम्हाजीने सब जीवधारियों में मनुष्य को श्रेष्ठ रुप में बनाया है और उसपर पूरा संसार आश्रित कर दिया कि परमात्मा की अव्यवस्था को व्यवस्थित करके और प्राकृतिक पदार्थों को जानकर अपने लिये उपयोगी बनाना है तथा शास्त्रों के अनुकूल चलकर सबके प्रति दायत्वों को निभाना है अर्थात ज्ञानमार्ग पर चलकर धर्म के अनुकूल सबका हित करने वाले कर्म करना है। मनुष्य को संन्यास स्वभाव को अपनाकर अर्थात् यह सोचकर मैं कुछभी करने वाला नहीं हूँ, ईश्वर की कृपा से यह कार्य हो सका है तथा

निष्कामभाव से अर्थात् लाभ-हानि की इच्छा किये बिना अपना सिद्धान्तिक कर्म करते रहना है। श्रीकृष्णभगवान् ने समझाया है कि शरीर के मुख्यतत्त्व जीवात्मा सहित पच्चीस तत्त्वों को विस्तार से समझकर अपने मन को इन्द्रियों के वश में रखने का अभ्यास करके अपनी जीवात्मा की आज्ञा में चलकर अपने कर्मक्षेत्र के कार्य करना चाहिये। जीवात्मा सदैव सही मार्गदर्शन करती है। इस जगत् के प्रत्येक पदार्थ व उनके अनुभव जो ज्ञानइन्द्रियों के अनुभव में आते हैं। सूर्य व चन्द्रमा में प्रकाश की चमक, जल में रस अर्थात् प्यास की तृप्ति, पुरुषों में पुरुषत्व, आकाश में ध्वनि, पृथ्वी में गन्ध, बलवानों में आसक्ति और कामनारहित बल, समस्थ प्राणियों मे धर्म के अनुकूल काम आदि, **मैं** ही हूँ।

अर्जुन के पूँछने पर श्रीकृष्णभगवान् ने बताया, शरीर के अन्दर व बाहर परम सुख शान्ति देने वाला, कभी न नष्ट होने वाला परम अक्षर ॐ **सच्चिदानन्दघन परमात्मा ब्रह्म है** और इसी का स्वरूप जीवात्मा जो प्रत्येक जीवधारी में रहता है **इसका ज्ञान ही अध्यात्म है।** शास्त्रों के नियमानुसार दान करने, यज्ञ करने, हवन करने में जो द्रव्यों का उपयोग करने में जो कार्य किया जाता है **उसे कर्म**

कहते हैं। इन धर्म के कार्यों में उपयोग में आने वाले, उत्पन्न व नष्ट होने वाले भौतिक पदार्थ, जीव-जन्तु, और सभी जगह व्याप्त **ब्रह्म का सूक्ष्म रुप अधिभूत है।** सृष्टि का देवयोग से बना सूत्रआत्मा जिससे आत्मायें बनना प्रारम्भ हुईं और सभीकुछ उत्पन्न हुआ है, **अधिदैव होता है** तथा इस शरीर में भगवान् विष्णु का अंशरुप वासुदेव के कहे जाने वाले पुत्र **मैं ही अधियज्ञ हूँ।** पुनः अर्जुन को समझाया कि मनुष्य, परमात्मा अव्यक्त अक्षर ज्ञान को समझकर उनके सत्य मार्ग पर चलकर वह परमगति को प्राप्त कर सकता है। जिस प्रकार विशाल पानी का समूह एक छोटी बर्फ की सिला में समाया होता है, उसीप्रकार विशाल जल समान सम्पूर्ण संसार बर्फसमान सच्चिदानन्दघन परमात्मा में समाया होता है। कोई भी दुराचारी व्यक्ति भी इस भाव से मेरा निरन्तर भजन करता है कि मेरे अतिरिक्त कोई दूसरा उसका उद्धार करने वाला नहीं है और वह परमेश्वर के सुमिरन भजन करने को ही सबसे अच्छा कर्म मानता है तो वह पुरुष साधू (सज्जन) ही कहा जायेगा।

हे अर्जुन! ब्रह्माजी के चार पुत्र, सात महर्षि, स्वयं उत्पन्न चौदह मनु, यह सभी मेरे समान भाव रखने वाले मेरे वचन संकल्प से उत्पन्न हुये हैं। सम्पूर्ण संसार

इन्हीं की प्रजा है। संसार में जो कुछ दिखाई पड़ता है वह सब नष्ट होने वाली माया है। भक्तों के अन्तःकरण हृदय में अज्ञान का जो अंधकार हो जाता है, उसको दूर करने के लिये **मैं** उनके हृदय में तत्त्वज्ञान रुपी दीपक द्वारा प्रकाश करने के लिये समान भाव से बैठा होता हूँ। **मैं** इस सम्पूर्ण संसार को अपनी योगमाया के एक अंश से ही व्यवस्थित किये हुये हूँ इसलिये मुझको ही तत्त्व से जानना चाहिये। श्रीकृष्णभगवान् से अपनी शंकाओं के समाधान हेतु अर्जुन प्रश्न पर प्रश्न करते हैं और श्रीकृष्ण भगवान् अपनी वाणी द्वारा समझाने का प्रयास करते हैं। अर्जुन के न समझने पर अन्त में **अपने पूर्ण दर्शनों** (जिसमें ब्रह्माण्ड के सभी जो जन्म ले चुके, मृतक हुये पूर्वज, वर्तमान के सभी जीवित मनुष्य जिनके लिये अर्जुन शोक करते है, सभी देवता, दानव, राक्षस, ऋषिगण तथा सभी गृह, उपग्रह, पाँचों महाभूत आदि) **में दिखाते हैं।** इस प्रकार श्रीकृष्णभगवान् के दर्शन करके अर्जुन उनपर पूर्णब्रह्म का विश्वास करते हुये, चतुर्भुजरुप में दर्शन करने की पुनः प्रार्थना करते हैं। चतुर्भुजरुप में दर्शन देने के बाद श्रीकृष्णभगवान् अर्जुन को सचेत करते हुये कहते हैं, "तुमने देखा **मैं** कालों का काल महाकाल हूँ, अधर्म और अधर्म का साथ देने वालों को एक पल में समाप्त कर सकता हूँ परन्तु **मैं** तुमको

अधर्मियों को नष्ट करने का श्रेय देना चाहता हूँ, इन सबको एक न एक दिन नष्ट होना ही है अतः यह श्रत्रिय कर्म अपने आपको मुझमें समर्पित होकर करो, तुमको पाप नहीं लगेगा तथा मोक्ष को प्राप्त करोगे।

श्रीकृष्णभगवान् सगुणब्रह्म और निर्गुणब्रह्म की भक्ति करने में सगुण भक्तों के लिये कहते हैं, "जो सगुणभक्त केवल मुझमें ही श्रद्धा विश्वास रखकर मेरे रुप-रंग, गुणों, महिमा, कृपा, रहस्यों को पढ़कर, लिखकर, सुनकर, सुनाकर, गाकर, मनन करके आनन्द प्राप्त करते हैं और सभी कुछ मेरा समझते हुये अपने मनुष्य शरीर का उपयोग यज्ञ, दान, तप आदि कर्म करने में करते हैं, इस प्रकार के सगुण भक्तों को **मैं** अतिश्रेष्ठ मानता हूँ। जो निर्गुण भक्त अपनी ज्ञानइन्द्रियों के वश में अपने मन को करके मन की कल्पना और बुद्धि की सोच से अलग, सभी जगह व्याप्त, रंग-रुप के वर्णन से रहित, सदा एक समान स्थिर रहने वाले, निराकार, न नष्ट होने वाले, अन्दर-बाहर सच्ची शान्ति देने वाले परमात्मा को प्रत्येक क्षण शान्ति प्राप्त भाव से ध्यान करते हैं और इस जगत् में उत्पन्न हो चुके व आगे उत्पन्न होने वाले प्राणियों के हित में कार्य करते हुये और सभी में समान भाव रखने वाले योगी पुरुष भी मुझे प्राप्त होते हैं।

यदि भगवान् के अनुमानित स्वरुप का श्रद्धा, प्रेम तथा निष्काम भाव से ध्यान करके भगवत् प्राति के कर्म किये जाते हैं तो भी ऐसे मनुष्य को परम शान्ति प्राप्ति होती है।

जिस प्रकार किसी भी खेत में बोय हुये बीज के अनुकूल शरीर को लाभ देने वाले फल प्राप्त होते हैं उसीप्रकार यह शरीर जिसप्रकार के संसकार और वातावरण रुपी बीजों के सम्पर्क में रहता है, समय आने पर उसीप्रकार के परिणामरुपी फल उसके व्यक्तित्व से प्रकट होने लगते हैं। **तुम्हारे अन्दर की जीवात्मा ही जो वास्तव में तुम हो, तुम्हारे गुणों-अवगुणों को समझती है** और तुम सभी की जीवात्मा परमात्मा अर्थात मेरा अंश होती है इसलिये **मैं** तुम सभी मनुष्यों के अन्तःकरण हृदय के गुणों-अवगुणों को जानता हूँ। **हे अर्जुन!** पूर्व ऋषियों के अनुभव, वेदमंत्रों और ब्रह्मसूत्र के पदों के अनुसार यह शरीर पाँच महाभूत वायु, जल, अग्नि, पृथ्वी व आकाश तीन सूक्ष्मभाव अहंकार, बुद्धि व तीन मायावी गुण (सात्त्विक, राजस व तामस) पाँच ज्ञानइन्द्रियाँ तथा इनके पाँच विषय रस, रुप, गन्ध, शब्द व स्पर्श और पाँच कर्मइन्द्रियाँ तथा एक मन और एक मुख्यतत्त्व चेतनशक्ति (जीवात्मा) तथा इसशरीर के चार विकार

राग, द्वेष, सुख, दुःख। इसप्रकार इस शरीर को पच्चीस भागों व चार विकारों में बाँटा गया है। **हे अर्जुन!** जिस प्रकार एक सूर्य पूरे संसार को प्रकाशित करता है अर्थात सभी वनस्पतियों व पदार्थों को सक्रिय रखता है, उसीप्रकार शरीर में जीवात्मा अन्य चौबीस तत्त्वों को क्रियाशील रखती है। जीवात्मा सहित इन पच्चीस तत्त्वों को अपने दिव्यनेत्रों से दर्शन करने वाले महात्माजन परब्रह्मपरमात्मा को प्राप्त कर लेते हैं।

हे अर्जुन! अलग-अलग प्रकार के गर्भ केन्द्रों से अलग-अलग प्रकार के शरीर और पृथ्वी पर अलग-अलग प्रकार की वनस्पतियाँ उत्पन्न होती हैं। तीन गुणों सात्त्विक, राजस, तामस से युक्त नष्ट होने वाला, माया के चौबीस तत्वों से बना गर्भ शरीर और धरती गर्भ धारण करने वाली माता होती है तथा **मैं** चेतनरुप बीज को स्थापन करने वाला पिता होता हूँ। इन तीनों गुणों के अलग-अलग प्रभाव के अनुसार बुद्धि, इच्छा, मृत्यु के समय का ध्यान, संसारिक कर्म, मस्तिष्क के भावों पर अलग-अलग प्रभाव पड़ता है। संसार के जीवन यापन में इन तीनों गुणों से मुक्त पुरुष के आचरण में प्रत्येक स्थिति में समानता आ जाती है वह सदा एक समान रहता है। केवल एक सर्वगुणसम्पन्न व सर्वशक्तिमान् परमेश्वर वासुदेवभगवान् को ही

अपना स्वामी मानता हुआ स्वार्थ और अहंकार को त्यागकर श्रद्धा और आन्तरिक भाव से परम प्रेम के साथ निरंतर चिन्तन करने से मनुष्य सच्चिदानन्दधन ब्रह्म से जुड़ने योग्य हो जाता है।

श्रीकृष्णभगवान् ने अर्जुन को समझाया, " श्रष्टि को उत्पन्न करने वाले प्रथमपुरुष सगुणरुप में नारायण वासुदेव भगवान् जो असीमित गुणों से परिपूर्ण सभी को सहारा देने वाले, सभी धामों से ऊपर नित्यधाम में निवास करते हैं, इन्होंने सभी जड़-चेतन की उत्पत्ति करने के लिये ब्रह्माजी को अपने हृदय कमल से उत्पन्न करके अपने नीचे के धाम ब्रह्मलोक में निवास कराया। इस संसार को पीपल वृक्ष के समान विशाल जड़, तना, शाखायें व पत्तों के रुप में हरा-भरा बनाया। इस पीपल वृक्ष रुप संसार को व्यवस्थित व शान्तियुक्त रखने के लिये वेदों की रचना की जिसमें याज्ञिकरुप कर्म करने के सिद्धान्त लिखे जिनके अध्ययन व जीवन में उतारने से ही मनुष्य अपना व संसार का उत्थान कर पाता है। जिसप्रकार वायु गन्ध के स्थान से गन्ध को अपने में ग्रहण करके एक स्थान से दूसरे स्थान तक ले जाती है, उसीप्रकार शरीरों में स्थिति शरीरों का स्वामी जीवात्मा पहले शरीर को त्यागकर अपने साथ मन सहित इन्द्रियों को ग्रहण करके दूसरे

शरीर को प्राप्त करती है। जिन्होंने निर्मल वातावरण में न रहकर अपने अन्तःकरण को शुद्ध नहीं किया है, ऐसे अज्ञानीजन प्रयास करते हुये भी इस आत्मा को नहीं जान पाते हैं।

इस जगत् में पहले सबका हित में कार्य करने वाले व दूसरे अपने स्वार्थ के लिये दूसरों का अहित करने वाले विचारों, दो प्रकार के व्यक्ति होते हैं। श्रीकृष्णभगवान् ने इन दौनों प्रकार के व्यक्तियों के लक्षणों को विस्तार से समझाया है, इनको पढ़कर मनुष्य यदि चाहे तो अपने विचारों में सुधार कर सकता है क्योंकि अच्छे-बुरे का ज्ञान न होने के कारण भी बहुत से पुरुष शास्त्र विरोधी कर्मों में लग जाते हैं। **हे अर्जुन!** तीन प्रकार के अनावश्यक गुणों के कारण मनुष्य की आत्मा का नाश हो जाता है, अनावश्यक विलासता में रुचि लेना (काम), व्यर्थ में क्रोध करना तथा ज्यादा लोभगुणों को अपनाना। जो पुरुष शास्त्रों में समझाई गई विधियों को त्यागकर अपने अनुसार शास्त्रों के विरुद्ध अपना जीवन व्यतीत करता है, वह न तो आदर्शज्ञान की समझ को प्राप्त कर पाता है और न ज्यादा गति से ईश्वर रुपी शान्ति पा पाता है। **हे अर्जुन!** साात्त्विक, राजस, तामस गुणों के अनुसार ही मनुष्यों की रुचि, पूजा करने की आस्था, श्रद्धाभाव,

भोजन के प्रकार, यज्ञकर्म, दान, तप; अलग-अलग प्रकार के होते हैं परन्तु तप तीन प्रकार शरीर सम्बन्धी, मन सम्बन्धी व वाणी सम्बन्धी होता है। परमात्मा से सम्बन्धित किया गया कर्म सत्कर्म होता है तथा बिना श्रद्धाभाव के किया गया हुआ हवन, किया हुआ दान, तपस्या में किया हुआ परिश्रम तथा कोई भी किया गया नैतिक कर्म, सेवा आदि सभी असत्य कर्म होते हैं।

कितने विद्वान पुरुष धन, स्त्री, पुत्र की प्राप्ति व कष्ट निवारण के लिये किये गये काम्यकर्म यज्ञ, दान, तप, पूजा-पाठ के त्याग को कि उनको कुछ नहीं चाहिये तथा कितने विचारकुशल पुरुष परिवारजनों की आवश्यकता की पूर्ति हेतु और भक्ति, माता-पिता की सेवा, यज्ञ, दान, तप करने हेतु घन अर्जित करने वाले कर्तव्यकर्म फलों के त्याग को संन्यास कहते हैं। सात्त्विक, राजस, व तामस अलग-अलग तीन प्रकार के त्याग अलग-अलग तीन प्रकार से कर्म करने के अनुसार होते हैं। जो मनुष्य सत्संग, शास्त्र पढ़ने का अभ्यास, भगवान् को समझने के कर्म और पूजा-अर्चना नहीं करता है, उसकी बुद्धि निर्मल नहीं हो पाती है, इस प्रकार अशुद्धि बुद्धि वाला पुरुष किसी अनुचित कर्म को करने में सोचता है कि यह कर्म मेरी

आत्मा ही मुझसे करवा रही है, दूषित बुद्धि के कारण वह सच्चाई को नहीं समझता है। ज्ञान, कर्म, कर्ता, धारणा, सुख व बुद्धि तीन गुणों वाली सात्त्विक, राजस व तामस होती हैं इनके व्यवहारिक अध्ययन से ही सही मार्गदर्शन मिलता है। संसार में स्वभाव से चार प्रकार के कर्म करने की छमता वाले पुरुष होते हैं। तेज बुद्धि वाले पुरुष ज्ञान अध्ययन करके शिक्षा चाहने वालों को शिक्षित कर सकते हैं। शरीर से मजबूत व्यक्ति कहीं पर भी रक्षा करने का कार्य कर सकते हैं। बुद्धि से चतुर व शरीर से सामान्य पुरुष व्यापार करके धन अर्जित करते हैं जिससे मनुष्यों व संसार का विकाश होता है। बुद्धि से कमजोर, हिम्मत में कम व शरीर से मजबूत पुरुष सभी प्रकार की सेवा प्रसन्नता से करते हैं। कर्म करने की छमता व स्वभाव के कारण ही मनुष्य जिसे ब्राह्मण, क्षत्रिय, वैश्य व शूद्र नाम दिया गया है। परन्तु प्रत्येक मनुष्य अपने स्वभाव व छमता के अनुसार कर्म करते हुये परमात्मा की भक्ति के मार्ग पर चलकर अपना मनुष्य जीवन को सफल बनाकर मोक्ष की प्राप्ति कर सकता है।

जिस पुरुष के विचार पूर्णरुप से निर्मल हैं, अच्छे सात्त्विक वातावरण के मनुष्यों के साथ जीवन व्यतीत करता है, हलका और कम भोजन करता है, अपने

मन, वाणी व इन्द्रियों पर नियन्त्रण करके मोह विकार से मुक्त होकर वैराग्य की स्थिति प्राप्त कर ली है, इस प्रकार के पुरुष ने परमात्मा का निरन्तर ध्यान करके केवल परमेश्वर को अपना सबकुछ समझने की अपनी धारणा बनाकर अपने अन्तःकरण को अपने वश में कर लिया है, परमात्मा की व्याख्या अपने शब्दों में अध्ययन करके प्रेम-प्रीत से अपने आपको मुक्त कर लिया है तथा अहंकार, बल, बिलासता, क्रोध किसी उपयोगी वस्तु धन आदि को जोड़कर रखना त्याग दिया है और ममतारहित होने से हृदय शान्त हो गया है, तब वह पुरुष सच्चिदानन्दघन ब्रह्म का ध्यान करने योग्य हो पाता है। **सारथी संजय धृतराष्ट्र को अपना अनुभव बताते हैं, हे राजन्!** श्रीकृष्ण भगवान् व अर्जुन के इस संवाद को सुनकर बुद्धि से दूषित विचार निकल जायेंगे और स्मरण करने से पापों का नाश हो जायेगा। मैं इस रहस्य मय, कल्याणकारी और अद्भुत संवाद को सुनकर बहुत ही प्रसन्न हो रहा हूँ।

जय सच्चिदानन्दघनब्रह्म